마음과 마음이 주고받는 말

백애송 평론집

머리말

시는 인간의 내면을 깊이 들여다보고 탐구하는 매개체이다. 시를 통해 당대에 놓여있는 현실 앞에서 우리가 직면하고 있는 갈등과 문제들을 표현한다. 매일 끊이지 않고 발생하는 크고 작은 사건들을 재조명하여 변화를 촉진하기도 한다. 이처럼 시는 그리고 문학은 시대를 반영하기 마련이며 지금 이곳에는 좋은 일도, 슬픈 일도 그리고 아름다운 일도 있다.

이에 여기에서는 다양한 시작품을 통해 우리가 지향해야 하는 인간의 삶과 그 속에 담긴 사유의 세계를 들여다보고자 하였다. 문학은 단순히 과거를 돌아보는 것에 그치는 것이 아니라 현재를 성찰하여 미래를 도약하기 위한 발판이 되어야 할 것이기 때문이다.

그동안 문예지에 발표하였던 원고들을 모아 보았다. 최선을 다해 시를 들여다보려 하였던 그 순간순간을 여기에 담고자 한다. 1부에서는 자유시를 2부에서는 정형시를 그리고 3부에서는 계간평을 모았다. 진심보다 더 진실되고 간절한 것은 없다고 생각한다. 진심이 그곳에 닿는다면, 진심이 마음에 닿는다면 우리는 그 마음을 다시 들여다보게 될 것이다.

마음을 들여다보는 일은 자기 자신에게만 국한되지 않는다. 타인의 마음을 공감하고 이해하는 과정도 포함된다. 작품을 쓰는 사람의 입장에서 그 감정과 생각에 공감하고 이해해보고자 하였고, 개인을 너머 사회적 측면에서 전달할 수 있는 예술적 가치와 메시지를 탐구하고자 하였다. 단순히 받아적는 것이 아니라, 그 말 뒤에 가려진 의미들을 이해해보고자 하는 시간들을 여기 모았다. 그동안 들여다본 마음들이 함께 모여 서로 공유하고 나눌 수 있는 넉넉한 마음이 되길 바라본다.

2024년 겨울 광주에서

백애송

목차

제3부

1부

억압받는 사회적 약자들을 대변하는 언어

— 박미산론

사회에 대한 저항을 표출하는 방식은 개인마다 다르다. 부패한 사회와 이러한 사회에 대한 저항 의식은 과거부터 줄곧 제기되어 온 문제이다. 인간은 습득한 것들을 오래 유지하려는 경향이 있다. 안정된 것들을 지속하려는 심리는 새로운 것에 대한 거부감 혹은 타파해야 할 오래된 관습을 깨뜨리지 못하게 한다. 하지만 문학인들은 부당한 것에 대해 적극적으로 온몸을 던져 저항하였고, 잘못된 관습을 깨뜨리려 하였으며 이를 통해 늘 현재보다 더 나은 세상을 향해 나아가고자 하였다. 그 중심에는 박미산 시인이 있다.

박미산 시인은 2008년 세계일보 신춘문예를 통해 작품활동을 시작하였다. 시집으로 『루냥의 지도』, 『태양의 혀』, 『흰 당나귀를 만나보셨나요』가 있다. 현재 세계일보에 '박미산의 마음을 여는 시' 칼럼을 연재하고 있으며, 서촌 문화공간인 '백석, 흰 당나귀'를 운영하고 있다. 박미산 시인은 시의 언어를 통해 타자의 상처를 보듬어 안는다. 박미산 시인이 보듬어 안는 그 세상은 낮고 어두워 앞이 보이지 않지만, 그럼에도 불구하고 한 번 더 세상과의 조우를 통해 화해하고자 한다. 그와 더불어 현실에 발 딛고 살아가는 자신의 언어관과 시적 인식에 대해서도 차분하게 들려준다.

7월의 풀은 고집이 셉니다

한낮 으르렁거리는 태양 아래에서
절대 꿈쩍하지 않던 그들이 뽑힙니다

그들은 지워지는 중입니다

나비도 벌도 거미도 오지 않는,
능소화도 장미도 아닌,
세상 어느 구석에 숨어 있다가
겨우 얼굴을 내밀었는데
얼굴이 사정없이 뭉개져
애도조차 보낼 수 없다니

잡초라는 비아냥을 들으며
들판처럼 야생으로
핏줄끼리 악착같이 손잡고
고집 세게 자랐는데,

뿌리가 하늘로 치솟습니다

도사리고 있던 핏줄이

뭉개진 얼굴이

땅바닥에 내팽개쳐집니다

얼굴이

핏줄이 땅바닥을 기고 있습니다

기는 자리마다 뿌리가 끈끈하게 내립니다

*불가촉천민

— 박미산, 「달리트*」 전문

인도의 카스트 제도는 태어나면서부터 결정된다. 카스트 제도는 다섯 가지로 나뉘는데, 1) 사제와 교사인 브라만, 2) 전사와 통치자인 크샤트리아, 3) 상인과 농부인 바이샤, 4) 노동자인 슈드라, 5) 거리 청소부와 같은 불가촉천민인 달리트로 나뉜다. 이 중 다섯 번째 계급인 불가촉천민은 브라만이 쓰는 산스크리트어로 '짓밟힌 자, 부서진 자'라는 의미의 달리트라 불린다.

인도인들은 달리트를 말 그대로 '접촉할 수 없는, 접촉해서는 안 되는' 더러운 존재라고 여긴다. 달리트와 접촉하면 무조건 더러워진다고 생각하여 이들과 접촉하는 것을 꺼려하였다. 사원 출입도 불가능하였고 공동으로 우물을 사용하거나 같은 교통수단을 이용하는 것도 불가능하였다. 대상이 무엇이든 달리트와 닿기만 해도 부정해진다고 여겼다. 그래서 달리트 들은 카스트 계급 사람들과는 떨어져 마을 밖에서 살아야 했다. 오늘날에는 법률상으로 불가촉 제도가 없어졌다. 또 불가촉천민에 대한 이러한 비인도적 취급 역시 많이 사라지긴 했으나, 그 잔해는 아직도 남아 있다. 도시지역이 아닌 시골에서는 달리트에 대해 여전한 차별이 이어지고 있고, 인권침해 또한 풀지 못한 숙제로 남아 있다.

이 시는 이러한 달리트들의 삶을 '풀'이라는 객관적 상관물을 통해 이야기하고 있다. 시인은 객관적 상관물을 통해 자신의 감정을 직접 노출하지 않고 간접적으로 표현한다. 세상의 가장 낮은 곳에 위치하는 달리트의 삶과 가치가 없다고 여겨지는 풀의 사이에는 계급에 가려져 제 얼굴을 온전하게 드러내지 못하는 안타까운 현실의 모순이 담겨 있다.

7월은 1년 중 한 해의 하반기가 시작되는 달로 태양이 뜨거운 시기이다. 태양이 뜨거울 때의 풀은 고집이 세다. 7월의 뜨거운 "한낮 으르렁거리는 태양 아래" "절대 꿈쩍하지 않던" 풀들이 뽑히고 있다. 그들은 뿌리뽑힘으로 인해 말없이 지워지고 있는 중이다. 그들은 "나비도 벌도 거미도 오지 않는,/ 능소화도 장미도 아닌," 인간으로서의 참다운 시간을 보내지도 못하였다. 누군가의 눈에 띄지 않는 "세상 어느 구석에 숨어 있다가/ 겨우 얼굴을 내밀었는데/ 얼굴이 사정없이 뭉개져" 있다. 애도의 시간조차 마련할 수 없다. "잡초라는 비아냥을 들으며" 험난한 야생으로 "핏줄끼리 악착같이 손잡고/ 고집 세게 자랐는데" 처참하게 뭉개져 버리고 말았다.

삶의 바깥으로 나올 수 없었던 달리트는 세상의 구석에 숨어 살다 겨우 얼굴을 내밀었는데, 얼굴이 사정없이 뭉개지는 상황에 직면하게 된다. 비아냥거림도 감수하며 악착같이 핏줄과 손 맞잡고 고집 세게 자랐지만 뭉개짐 앞에서 맞서지 못한다. 급기야 "뭉개진 얼굴이/ 땅바닥에 내팽개쳐"지는 수모를 겪는다.

계급을 나누어 사는 삶보다 더불어 사는 삶이 가치 있는 삶이다. 실상 계급은 후천적으로 얻어진 것이지, 처음부터 손에 쥐고 태어난 것은 아니다. 버려진 자들 심지어 계급으로부터 억압받는 사람들에게도 마땅히 누려야 하는 기본적인 권리는 있다. 박미산 시인은 이 시를 통해 달리트와 같이 억압받는 상황에서 살아가는 사람들의 모순적인 상황에 대해 이야기하고 있다.

땅거미가 방안으로 밀려온다

창문밖엔 직박구리 세 마리가 무심하게 앉아있다

내 피가 탐욕스러워진다

두 개의 눈

두 개의 귀

두 개의 손

두 개의 발이

단 한 음절을 찾으러 숲속으로 들어간다

오월의 숲속은 단즙으로 가득하다

곰취와 망초는 부지런하게 크고

가까이 오지 말라는 오가피와 두릅

생각을 주렁주렁 매단 매실

청개구리가 차가운 단어를 껴안고

연못 속으로 미끄러지면서 들어간다

개와 늑대의 시간

갑자기 파도 소리가 들린다

궁핍했던 상상력이 일어선다

침묵을 듣는다

당신의 언어를 듣는다

—박미산, 「힘」 전문

위의 시는 개와 늑대의 시간을 배경으로 하고 있다. 개와 늑대의 시간은 프랑스 속담으로 황혼을 의미한다. 프랑스에서는 해 질 녘 낮과 밤의 경계가 모호해지는 시간을 개와 늑대의 시간이라고 한다. 해가 지면서 낮과 밤의 경계가 모호해지면 사물의 윤곽이 흐려진다. 이때 멀리서 나를 향해 다가오는 실루엣이 나를 맞이해주는 개인지, 나를 해칠 늑대인지 분간할 수 없다는 의미이다.

　시 속의 화자인 시인은 개와 늑대의 시간에 이르러서야 "파도 소리가" 들리고, "궁굽했던 상상력이" 일어서며 "침묵"과 "당신의 언어"를 듣게 된다. 그간 언어에 대해 고뇌하였던 시인의 시간이 황혼이 되면서 빛을 발하는 순간이다. 땅거미가 밀려올 때 "창문밖엔 직박구리 세 마리가 무심하게 앉아있다". 시 속 화자는 탐욕스러워진 피를 가지고 "한 음절을 찾으러 숲속으로 들어간다". 말이 탐욕스러운 피이지, 시인이 찾은 한 음절은 모두가 상생하고자 하는 바람이 담긴 언어이다.

　오월의 숲속에서 "곰취와 망초는 부지런하게 크고", "오가피와 두릅"도 있고, "생각을 주렁주렁 매단 매실"도 있다. 청개구리는 "차가운 단어를 껴안고/ 연못 속으로 미끄러지면서 들어간다". "단즙으로 가득"한 오월의 숲속에서 시인은 시의 시간을 발견한다. 황혼이 되어서야 느지막이 발견한 시의 숲속에서 앞으로는 시인의 상상력이 무궁무진 일어날 것이다.

　　　당신은 일 초에 한 번씩 꽃을 피웠지
　　　창궐하는 꽃의 난장
　　　부풀어 오른 나는 여기저기 굴러다녔어

　　　당신이 아랫입술을 달싹이며

구애하는 걸 왜 몰랐을까?

긴 다리로 애무하며
나를 맛본 당신은
두 장의 날개를 팔랑이며 사라졌지
피 냄새를 풍기며

어둠이 가려움을 유인하는 동안
내 몸 곳곳에 당신이 새겨 놓은
음각이 일어섰어
어둠 속을 걷기 시작했지

책상 위로 햇살 한 줌이 들어온다
그 순간,
은유의 살갗을 만질 수 있을까?

— 박미산,「모스키토」전문

　　모기와 조우하고 있는 이 시는 에로틱하면서도 유머러스하다. 모기
를 영어로 '모스키토(mosquito)'라고 한다. 모기는 일 초에 한 번씩 침을
꽂고 다닌다. 모기의 침에 꽂힌 나는 부풀어 올라 여기저기 굴러다닌
다. 당시 나는 모기가 "아랫입술을 달싹이며/ 구애하는 걸 왜 몰랐을

까?" 미리 알았더라면 대비책을 마련했을 텐데 갑작스러운 조우에 무방비상태이다. "긴 다리로 애무하며" 화자인 시인을 맛본 모기는 목적을 달성하였으니 "피 냄새를 풍기며" "두 장의 날개를 팔랑이며" 의기양양하게 사라졌다.

모기가 보이지 않는 "어둠이 가려움을 유인하는 동안" 화자의 몸 곳곳에 새겨 놓은 음각이 일어선다. 가려움과 보이지 않는 모기와 사투를 벌이는 이 시간 화자는 어둠 속을 걷고 있다. 시인은 모기와의 조우를 통해 언제쯤 "은유의 살갗을 만질 수 있을까?"라고 묻는다. 즉 언제쯤 시의 언어에 더욱 능통해질 수 있을지 스스로에게 자문한다. 다행인 점은 이때 "책상 위로 햇살 한 줌이 들어온다"는 점이다. 햇살이 들어온다는 것은 희망이 있다는 신호이기도 하다. 시인은 머지않아 "궁핍했던 상상력"(「힘」)이 가득 채워지고, 은유의 살갗을 만질 수 있을 것이다.

일 년 중 모기와의 계절을 피할 수 없다. 더운 여름에 극에 달하는 모기는 최근 계절을 가리지 않고 줄곧 이어지고 있다. 한밤중 귓가에서 윙윙거리는 모기는 잠 못 들게 하는 주범이다. 모기는 인간을 위협하는 바이러스를 질병으로 옮기기 때문에 인간에게 이로운 존재는 아니다. 그렇다고 하여 모기를 박멸한다면 그것 또한 문제가 될 수 있다. 모기가 사라지면 먹이사슬 균형이 깨질 수 있기 때문이다. 시인은 이러한 모기의 특성을 자신만의 언어관으로 들여다보고 있다. 너무 과하지도 그렇다고 너무 단순지도 않게 '모기 음각 은유'의 과정을 자연스럽게 보여주고 있다.

　　말없이 올라가는 내 등짝에 칼을 꽂았다 너는 주저앉는 나를
보며 사라졌다 바다가 구길 때 나는 소리와 함께 펑펑 내리는 눈
사태를 따라 행간의 넓이는 죽음처럼 더 깊어졌다 눈덩이로 몸을
씻고 기진한 몸을 일으켜 세웠다 흩어지는 너의 씨알들을 산채
로 가두어두고 간격이 벌어지지 않게 배열하고 고정시켰다 날 선
칼바람이 나의 말을 베고, 짓눌린 글들은 백화나무 위에서 뚝 뚝
부러졌다 엄고란 고비 고사리 뻐꾹채 꽃밭을 찾지 못한 난 내려
갈 수가 없었다 별과 같은 방울을 달은 고산식물을 찾으며 정상
을 향해 기어갔다 푸르고 시린 백록담에 나의 일곱 번째 등뼈를
비스듬히 걸쳐놓았다 내가 죽어 백화처럼 흴 것이 숭 없지 않다
네가 생각나지 않는다 너의 이목구비도 만져보지 못했다
　　　　　　　　　　　　　　― 박미산, 「백록담—정지용에게」 전문

　　정지용 시인은 충북 옥천에서 출생하여 옥천공립보통고등학교를
마치고 1918년 휘문고보에 입학하였다. 휘문고보 졸업 후 일본 교토의
도시샤대학 영문과로 진학하여 시작 활동을 본격적으로 시작하였다.
1930년 김영랑, 박용철 등과 함께《시문학》동인으로 활발하게 활동하
였으며, 1933년 순문학 친목 단체인 '구인회(九人會)'에 가담하기도 하
였다.

이 시의 모티브가 되고 있는 『백록담』은 1941년 문장사에서 발간한 정지용 시인의 두 번째 시집 제목이다. '백록담'은 한라산 백록담에 가는 길에서 만난 맑고 깨끗한 자연과 동물을 통해 부조리한 현실을 극복해보고자 하는 의지가 담겨 있다. 백록담에 오르는 과정에서 당시 일제 강점기의 암울하고 고통스러운 시대 상황을 생각하기도 하고, 대자연의 아름다움 앞에서 물아일체의 경지에 빠지기도 한다.

화자인 시인은 정지용이 갔을 길을 떠올리며 그대로 따라 걷는다. "말없이 올라가는" 화자의 "등짝에 칼을 꽂"는다. "날 선 칼바람이" 시인의 "말을 베고, 짓눌린 글들은 백화나무 위에서 뚝 뚝 부러졌다". "엄고란 고비 고사리 뻐꾹채 꽃밭을 찾지 못한" 화자는 쉽사리 내려오지 못하고, "별과 같은 방울을 달은 고산식물을 찾으며 정상을 향해 기어갔다". 화자는 "푸르고 시린 백록담에" "일곱 번째 등뼈를 비스듬히" 걸쳐놓는다. 이 순간 "네가 생각나지 않는다 너의 이목구비도 만져보지 못했다"는 것을 깨닫는다. 박미산 시인의 시선으로 정지용 시인이 새롭게 재탄생되고 있는 셈이다.

「한 아이가 유리구슬을 깨트린 순간」에서는 삶의 한 단면이 담겨 있다. "보랏빛 몽롱한" 해질 무렵이면 개 짖는 소리는 사라지고, 보리수나무는 "유월 잎들이 수런거리는 심장 소리를 듣"는다. "시끄럽게 떠들던 직박구리도 잠시 귀를 기울이고// 앉을 자리를 모르던 나방"도 화자의 눈썹 위에 앉는다. 별이 뜨면 "저녁밥 먹으라고 소리치는 젊은 엄마가" 보인다. 그리고 "깨진 유리구슬을 쓸어 담는 한 아이가" 보인다. "손목을 타고 흘러내리는 구슬을 모아// 검게 변하는 하늘로 폭죽을 터뜨린" 아이의 "손바닥에 못 박힌 유리 조각은 어디로 흩어"졌을까. 아이가 유리구슬을 깨트린 순간 마주하게 되는 세상은 밝고 환한 곳이 되었으면 하는 것이 시인의 바람일 것이다. 시인은 젊은 엄마와 아이의 삶을 고즈넉한 풍경 속에 넣어두고 오래오래 보고자 한다.

지금까지 박미산 시인의 시 다섯 편을 살펴보았다. 「달리트」, 「힘」, 「모스키토」, 「백록담-정지용에게」, 「한 아이가 유리구슬을 깨트린 순간」이 그것이다. 시의 언어는 표면으로 드러나는 것이 전부가 아니다. 시의 언어는 그 안에 내포되어 있는 진정한 삶과 의미들로부터 존재의 힘이 자각된다. 부조리한 사회를 첨예하게 들여다보는 시인의 시선이 기저에 깔려 있다. 시인은 자신만의 시의 언어를 통해 개인을 넘어 사회를 들여다보고, 그 사회의 부조리한 부분을 보듬어 안아 치유하고자 한다.

경계와 경계 사이
─ 김병학론

    최근 디아스포라 문학에 대한 관심도가 높아지고 있다. 디아스포라는 민족 이산 또는 민족분산을 뜻하는 그리스어이다. 본래 살고 있던 땅을 떠나 이국땅을 떠돌던 이들이나 그 후손들이 쓴 문학을 디아스포라 문학이라고 한다. 따라서 디아스포라 문학에는 정체성, 다양성, 다문화성, 조국에 대한 그리움 등을 특징으로 하고 있다.

    자의에 의해서이든 타의에 의해서이든 외국에 거주하는 한국 출신 작가들은 고국에 대한 그리움의 감정을 느낄 수밖에 없다. 서로 다른 언어와 문화 사이에 혼란스러움은 물론 정착하지 못한 채 이방인 의식을 갖는다. 이에 여기에서는 2005년 화남에서 출판된 김병학 시인의 첫 시집인 『천산에 올라』에 담겨 있는 시작품을 통해 그가 갖고 있는 디아스포라에 대해 살펴보고자 한다.

    김병학 시인은 1965년 전남 신안군 임자도에서 태어났다. 전남대학교 행정학과를 졸업한 후 1992년 초여름 구소련의 중앙아시아 카자흐스탄 우슈또베로 건너갔다. 우슈또베는 1937년 연해주에서 중앙아시아로 강제이주 당했던 우리의 조상이 처음 정착하였던 고려인 최초 강제이주 지역이다. 우슈또베에서 한글 학교 교사 생활을 시작으로 고려

찬산한글학교장, 알마타국립대 한국어과 강사 등을 하였다. 또 중앙아시아에서 가장 오랜 전통을 가지고 있는 카자흐스탄 한글 신문인《고려일보》기자로도 활동하였고 카자흐스탄 한국문화센터 소장을 역임하였다. 펴낸 책으로 시집『천산에 올라』,『광야에서 부르는 노래』, 에세이집『카자흐스탄의 고려인들 사이에서』외에 다수의 변역시집과 고려인 관련 편찬서가 있다.

경계와 경계

1860년대 조선 사람이 연해주로 이주하면서부터 고려인은 시작된다. 이후 일제 강점기를 거치면서 더 많은 사람들이 연해주로 넘어와 살기 시작하였다. 그러다 1937년 스탈린의 소수 민족 이주 정책에 의해 카자흐스탄 우슈또베로 많은 사람들이 강제이주 되었다. 1937년 9월부터 시작하여 혹독한 추위 속에서 17만 명의 고려인들이 열차에 실려 중앙아시아로 강제이주 된 것이다. 이때 우리 민족인 고려인은 집도 땅도 가족도 모두 잃어버린 채 정말 맨몸으로 쫓겨나게 된다. 우슈토베에는 고려인들과 함께 강제이주 되었던 체첸인과 독일인이 함께 모여 살았다. 자발적 이주가 아닌 강제이주라는 참혹함이 그들에게는 오랜 상처로 남아 있다.

우슈또베는 카자흐스탄 동남부에 위치한 군 단위지역으로 1937년 강제이주 당시 가장 먼저 버려졌던 곳이다. 이들은 1950년 말까지 거주이전의 자유를 제한받아 도시를 옮겨갈 수도 없었다. 농사에 종사하며 피눈물의 세월을 견딘 결과 이들의 삶은 점점 회복되어 갔으나, 한국어가 금지되었기에 수십 년간 모국어인 한국어를 사용하지 못하였다. 이로 인하여 1세대를 지나 2세대, 3세대들은 한국어를 거의 사용하지 못하게 되었다.

슬픔이 시작되었기에
슬픔이 끝나야 하는 곳
부끄러움이 시작되었기에
부끄러움도 끝나야 하는 곳

천산의 눈 녹은 물줄기가
북으로 천 리 길을 달리며
눈물과 통곡의 땅을 적시고
헐벗은 우리 농민들의 자식
강제이주 고려인들에게
한 줄기 희망을 심어준 곳

우리들 선배 고려인들은
뼈를 깎아 쟁기를 만들고
피땀으로 거름을 이겨

버려진 자의 땅 우슈또베를

서럽도록 푸른 논밭으로 일구었다

먼 나라에서 새 고향을 만들어 주었다

카자흐스탄

고려인의 고향 우슈또베—

낯섦도 추위도 굶주림도

위정자의 압제와 증오도

모지럭 얼어서는 잡초를

결코 짓이길 수 없었던 곳

죽음으로부터 희망은 절망이었지만

삶에겐 절망도 언제나 희망이었을까

고려인의 고향 우슈또베

나와 너와 우리 모두에게

영원한 노래로 흐르고 있었다.

　　　　　　— 김병학, 「우슈또베에서」(『천산에 올라』) 전문

　이 시는 김병학 시인의 시선에서 바라본 우슈또베의 풍경이다. 즉 고려인의 시선으로 형상화된 것이 아니라, 시인이 바라본 고려인들의 삶의 모습과 우슈또베의 풍경이 형상화되어 있다. 우슈또베라는 장소에는 고려인이 처음 도착하여 척박한 환경에서 살아가야 했던 삶의 고난이 고스란히 담겨 있다. 우슈또베는 이들에게 슬픔이자 부끄러움이자 희망이자 새 고향으로 많은 의미를 함축하고 있다.

우선 우슈또베는 강제이주 된 우리 민족의 "슬픔이 시작"된 곳이다. 그렇기에 시인은 다른 곳이 아닌 이곳에서 "슬픔이 끝나야" 한다고 생각한다. 역사의 부끄러운 한 페이지가 이곳에서 시작되었기에 부끄러움도 이곳에서 끝나야 한다. 또 우슈또베는 "북으로 천 리 길을 달리며/ 눈물과 통곡의 땅을 적시고/ 헐벗은 우리 농민들의 자식/ 강제이주 고려인들에게/ 한 줄기 희망을 심어준 곳"이기도 하다.

"죽음으로부터 희망은 절망이었지만/ 삶에겐 절망도 언제나 희망"이 될 수 있다는 것을 이곳 고려인들은 선배 고려인들에게서 배운다. 선배 고려인들은 "뼈를 깎아 쟁기를 만들고/ 피땀으로 거름을 이겨/ 버려진 자의 땅"이었던 우슈또베를 "서럽도록 푸른 논밭으로" 만들어 "먼 나라에서 새 고향을" 만들었다. 그로 인하여 우슈또베는 카자흐스탄에 위치한 고려인들의 또 다른 고향이 되었다. "낯섦도 추위도 굶주림도/ 위정자의 압제와 증오도/ 모질게 얼어서는 잡초"인 "우리들 선배 고려인들"을 "결코 짓이길 수 없었"던 것이다. 그렇기에 시인인 "나와 너와 우리 모두에게" 우슈또베는 "영원한 노래"가 될 수밖에 없다.

처음 우슈또베에 도착하였을 때 어려움은 말로 다 표현할 수 없었을 것이다. 언어가 서로 다르니 의사소통도 되지 않았음은 물론 눈과 비를 피할 변변한 집 한 채도, 배불리 먹을 수 있는 양식도 없었음은 자명하다. 그럼에도 불구하고 고려인들은 척박한 환경 속에서 땅을 일구며 살아냈다. 실제 먹을 것도 없이 어렵게 살아가고 있는 고려인들에게 주위에 사는 러시아 사람들이 가끔 고기를 나누어 주었고, 이로 인해 죽어가는 사람의 숫자가 줄어들었다고 한다. 고려인들은 러시아 사람들의 이러한 마음을 아직도 고맙게 생각한다고 한다.

고려인들이 처음 정착하였을 때 아무것도 없었지만 살아남을 수 있었던 것은 마음과 마음이 주고받는 말 없는 위로 때문이었을 것이다. 다음의 시에서는 언어의 장벽을 넘어 마음을 나누었던 두 할머니의 이야기가 담겨 있다.

> 벌써 두 세대가 지났다
> 우리의 선조들이 중앙아시아로
> 강제이주 되어온 지는.
> 그때 한 할머니는 러시아말을 몰라
> 우리말을 모르는
> 이웃 러시아 할머니와 친구가 되어
> 저녁이면 서로 만나
> 우리 할머니는 우리말로
> 러시아 할머니는 러시아말로
> 번갈아 넋두리를 나누며

마음에 쌓인 한을 후련히 씻어내곤 했다

러시아 할머니가 먼저 돌아가시자

우리 할머니는 가슴을 치며 슬퍼했다

당신 이야기를 듣고 이해해줄 이가

이제 더 이상 없다며.

나도 때때로 슬프다

지금 나는 사람들과 우리말로도

러시아말로도 이야기를 주고받지만

내 말을 제대로 알고

이해해주는 이가 너무 적어서.

그들 또한 마찬가지 이유로 슬플 것이다.

우리가 배워야 할 것은 언어가 아니라

그 할머니들의 마음이었던 것을…

　　　　　　— 김병학, 「언어의 장벽을 넘어」(『천산에 올라』) 전문

　　위의 시는 "두 세대가" 지난 현재의 시점에서 담담하게 언어의 장벽
에 대한 이야기를 하고 있지만, 내포된 의미를 살펴보면 마음이 아프
다. 서로 다른 언어를 사용하는 두 할머니가 알아듣지 못하는 언어로
도 친구가 되었다는 것은 국경을 넘어 마음을 다해 나눌 수 있는 진정
한 우정과 사랑을 나누는 모습이다.

"우리 할머니는 우리말로/ 러시아 할머니는 러시아말로/ 번갈아 넋두리를 나누"었다. 실제 알아들어서 대화를 했던 것이 아니라, 마음을 다해 서로 마음을 주고받았던 것이다. 외로운 이들끼리 매일 저녁 얼굴을 보고, 서로의 안부를 살피고, 오늘 하루도 무사히 잘 보냈다는 것에 안도하는 일이 습관이 된 것이다. "마음에 쌓인 한을 후련히 씻어"낼 수 있었던 것은 언어의 장벽을 넘어 마음을 나누었기 때문이다. 그런데 안타깝게도 "러시아 할머니가 먼저 돌아가"시고 만다. 홀로 남은 "우리 할머니는 가슴을 치며 슬퍼했다". "당신 이야기를 듣고 이해해줄 이가/ 이제 더 이상" 없기 때문이다. 할머니의 슬픔은 말로 다 표현이 되지 않았을 것이다.

이 이야기를 들은 김병학 시인 역시 "나도 때때로 슬프다"고 고백한다. 현재 시인은 "우리말로도/ 러시아말로도 이야기를 주고받지만" 시인의 말을 제대로 이해해주는 사람이 너무 적다. 그래서 두 할머니의 슬픔에 대해 너무나 잘 공감한다. 이를 통해 시인은 언어도 중요하지만 "우리가 배워야 할 것은 언어가 아니라/ 그 할머니들의 마음 이었"다는 것을 깨닫게 된다.

경계와 경계 사이에서 살아가는 고려인들의 삶은 매일이 고난의 연속이었을 것이다. 하지만 이들은 마음의 경계를 허물고, 서로 세워둔 장벽을 허물며 삶을 이어나갔다. 넘어선 경계들이 모여 이루어진 그들의 삶을 어찌 숭고하지 않다고 할 수 있겠는가.

고국에 대한 그리움과 인생

김병학 시인의 주거지는 강제이주로 인하여 옮겨진 것은 아니다. 스스로 카자흐스탄을 찾았으나 이십 년이 넘도록 거주할 줄은 미처 생각하지 못하였다. 그렇다고 하여 김병학 시인의 시에 담겨 있는 고향에 대한 그리움과 상실감이 강제이주 당하였던 고려인들과 크게 다르지는 않다. 고국에 계신 부모님에 대한 걱정과 오랫동안 찾지 못하였던 고향에 대한 향수는 김병학 시인 역시 고려인들과 마찬가지일 것이다.

늦도록 내리는 빗소리에
문득 고개 들어보니
천장에 거미 한 마리
지성으로 그물을 짜고 있네.

아 내 고향 바닷가
겨우내 그물 기우시던 할아버지!
나도 빗줄기 실 삼아
온 한밤
귀향의 날개를 엮는다.

— 김병학, 「향수」(『천산에 올라』) 전문

우슈또베 늦은 밤비가 내리고 있다. 내리는 빗소리를 들으며 문득 고개를 들어보니 "천장에 거미 한 마리/ 지성으로 그물을 짜고 있"는 모습이 포착되었다. 거미가 그물을 짜는 모습을 보고, "내 고향 바닷가" 나의 할아버지도 "겨우내 그물 기우시던" 모습이 떠오른다. 시인도 "빗 줄기 실 삼아/ 온 한밤/ 귀향의 날개를 엮는다". 타국에서 느껴지는 고국에 대한 그리움은 말로 표현하지 않아도 애틋하다. 시인의 고향인 신안에 계시는 부모님과 유년 시절 밤이 늦도록 그물을 기우시던 할아버지의 모습이 거미와 함께 오버랩되면서 그리움을 극대화시키고 있다.

위의 시 「향수」가 그리움이 극대화되어 있다면 아래의 시 「길 위에서」는 길 위에서 이어지는 자신의 인생에 대해 보여준다.

지나간 세월을 아쉬워하지 말아라
다가올 날들을 두려워하지도 말아라
한강이나 황하나 갠지스나 다 같이
변함없이 낮은 곳으로 흐르고 있으니까.

걷는 길이 다르다고 걱정하지 말아라
길을 잘못 들었다고 후회하지도 말아라
백두나 곤륜이나 수미산이나 다 같이
누구에게나 넘는 길을 내주고 있으니까.

다만 함께든 혼자서든 해를 향해 갈 때

지고의 기쁨에 취해 쓰러지지는 말아라

무너지는 슬픔에도 그러지 않아야 하듯이

누워서 걸어갈 수 있는 길은 어디에도 없으니.

예나 지금이나 동해와 서해와 태평양이

우리 안에서 그지없이 굽이치고 있는 한

예정된 미래는 없다, 완성된 과거도 없다

우리가 만드는 대로 길이 생겨날 뿐이다.

— 김병학, 「길 위에서」(『천산에 올라』) 전문

김병학 시인의 인생은 길 위에 놓여 있다. 길은 삶의 여정을 의미함과 동시에 김병학 시인 앞에 놓여 있던, 고국으로 돌아갈 것인지 우슈또베에 남을 것인지의 갈림길에서의 선택의 의미도 있다. 2005년 첫 시집인 『천산에 올라』가 발간되었던 당시 김병학 시인은 우슈또베에 머물러 있을 때였다. 그에게는 선택지가 있었으나 남는 길을 선택하였다.

시인은 위의 「길 위에서」를 통해 자신의 길에 대해서 담담하게 이야기하고 있다. "지나간 세월을 아쉬워하지"도 말고 "다가올 날들을 두려워하지" 않아도 된다. 고국의 한강이나 중국의 황하강, 인도의 갠지스강은 지역만 다를 뿐 "다 같이/ 변함없이 낮은 곳으로 흐르고 있"기 때문이다. 또한 서로 "걷는 길이 다르다고 걱정"할 필요도 "길을 잘못 들었다고 후회하지" 않아도 된다. 백두산이나 중국의 곤륜이나 상상의 산인 수미산이나 "다 같이/ 누구에게나 넘는 길을 내주고 있"기 때문이다.

"다만 함께든 혼자서든 해를 향해 갈 때/ 지고의 기쁨에 취해 쓰러지는" 말라고 당부한다. 이는 "무너지는 슬픔에도" 마찬가지이다. 삶이란 기쁨이 있으면 슬픔이 있기 마련이다. 마냥 기쁜 일만 존재한다면 더할 나위 없이 좋겠지만, 기쁨의 너머에는 슬픔도 존재한다. 이에 너무 기뻐하지도, 너무 슬퍼하지도 말라고 말한다. 그래야 다음을 향해 나아갈 수 있는 법이기 때문이다. "누워서 걸어갈 수 있는 길은 어디에도 없으니" 다시 일어나 자신의 길을 향해 나아가야 할 것이다.

"예나 지금이나 동해와 서해와 태평양이/ 우리 안에서 그지없이 굽이치고 있는 한/ 예정된 미래"도 없고 "완성된 과거도 없다". 다만 "우리가 만드는 대로 길이 생겨날 뿐이다". 김병학 시인 역시 자신의 소신대로 자신만의 길을 만들어 나가고 있다.

중앙아시아의 고려인들은 대부분 카자흐스탄과 우즈베키스탄에 거주한다. 이 중에서 카자흐스탄은 유일하게 한글 신문인 《고려일보》와 한국어로 방영되는 극장인 〈고려극장〉이 운영되고 있다. 최근 우리나라는 고려인들을 비롯하여 한국계 외국인의 귀국을 적극 지원하고 있다. 이에 카자흐스탄에서 귀국한 고려인들은 현재 광주광역시 광산구에 고려인마을을 이루어 지내고 있다. 고려인마을에 거주하는 고려인들은 대부분 러시아어를 사용하지만, 이들의 자식들은 한국어를 사용한다. 즉 고려인 2, 3세대를 넘어 이곳에 거주하고 있는 현재 4, 5세대들은 한국 음식을 먹고 한국어를 사용하는 한국 사람이다. 이러한 상황들을 종합하여 본다면 고려인들은 우리와 같은 핏줄을 가진 민족이 아닐까 한다.

앞서 말했듯이 김병학 시인은 강제이주로 거주지를 옮겨간 것은 아니다. 그렇기 때문에 고려인들 사이에서 김병학 시인은 외부에서 온 사람에 불과할지 모른다. 외부에서 왔지만 오히려 그들을 더 깊이 이해하려고 노력하였고, 그들에게 모국어를 전달하기 위해 애썼다. 같은 조국을 가진 한 사람으로서 오히려 고려인들보다 더 깊숙이 그들의 문화와 삶을 들여다보고 이를 형상화하고자 한 것이다.

김병학 시인은 처음에는 한두 해만 살다가 돌아오려고 카자흐스탄에 갔지만 고국으로 돌아오지 못하고 이십 년이 넘도록 그곳에서 활동하였다. 그곳에서 고려인 2, 3세대들에게 모국어인 한글을 보급하기 위해 많은 노력을 하였다. 2016년도에 귀국하여 현재는 광주 월곡동에 위치한 월곡고려인문화관 '결'의 관장으로 있다. '결'은 김병학 시인이 25년간 카자흐스탄에 체류하면서 모은 고려인과 관련된 역사문화 자료들을 모아 놓은 공간이다. 시인은 지금도 여전히 고려인 문학과 문화에 대해 알리기 위해 고군분투하고 있다.

서정적 주체의 자기 인식
— 임희숙론

    임희숙 시인은 1991년 《시대문학》으로 등단하며 작품활동을 시작하였다. 시집으로 『격포에 비 내리다』(하늘연못, 1999), 『나무 안에 잠든 명자씨』(시안, 2011), 『수박씨의 시간』(황금알, 2022)을 펴냈다. 시를 쓰면서 미술사를 연구하기도 한 시인은 명지대학교 대학원 미술사학과에서 한국미술사를 전공하였다. 미술과 시를 접목하여 우리 미술사에 대해 잘 알지 못하는 일반 독자들도 미술사에 쉽게 다가갈 수 있도록 일조하고 있다. 미술과 시가 어우러진 『그림, 시를 만나다』(이담북스, 2018), 『살다 사라지다』(아트북스, 2022) 등을 펴내기도 하였다.

    임희숙 시인의 시에서 주체는 이미지로 형상화된 시적 대상을 통해 자기 인식의 과정을 보여주고 있다. 자신의 내면을 객관적 상관물을 통하여 보여줌으로써 인간이 지닌 보편적인 본성을 상징적으로 나타낸다. 주체와 대상을 대립시키지 않고 인간의 본성을 숙명으로 받아들이며 내면에서 울리는 소리에 귀를 기울인다. 그렇다고 대상에 밀착하여 있는 것이 아니라 적당히 거리를 조절하여 객관성을 유지하고 있다. 이와 같이 주체의 자기 인식 과정을 통해 주체와 이미지의 상호관계를 고찰하고 있는 임희숙 시인의 시를 살펴보도록 하겠다.

역사의식

탑의 형상을 한 돌계단이
무릎 위에 꽃밭을 일구고
폐사지가 빚어 올린 맞배지붕 아래
직육면체가 난무한 헛 절집

계단을 오르는 무릎 연골의
삐뚜룩한 경첩 소리는
저녁 라디오처럼 사랑스럽다
알고 보면 계단의 속살은 물렁하다고
곱고 다정한 진흙이 초석이 되고 난간이 될 거라고
생각하면서도
폐사지는 늘 허망하였다

비로소 이쯤 나이가 되어
등에 지고 온 꽃살문을 내려놓으면
앞으로 뒤로 혹은 가운데로
아무 데서나 아무 데로나
보인다던데
숨어 있는 절집

폐사지는 기존에 존재하였던 절이 없어져 폐허로 남아 있는 곳이다. 전쟁과 화재로 인해 소실되거나, 혹은 정치적·사상적인 마찰로 인하여 소실된 곳들이다. 하지만 폐허라고 하여 단순히 텅 비어 있는 공간이 아니다. 아무것도 없는 텅 빔은 자신을 들여다보고, 자신을 채우기 적합한 장소이다.

화자인 시인이 현재 위치 해 있는 곳이 바로 폐사지 위에 있는 숨은 절집이다. 이 절집은 폐사지 위에 터로만 남아 있기 때문에 사람들의 눈에 훤히 보이는 것이 아니라, 눈에 잘 보이지 않는 '숨은 절집'이라고 표현하고 있다. "탑의 형상을 한 돌계단이/ 무릎 위에 꽃밭을 일구고" "직육면체가 난무한 헛 절집". "계단을 오르는 무릎 연골의/ 삐뚜룩한 경첩 소리"가 사랑스럽게 들리지만, 폐사지는 늘 쓸쓸하고 허무하다. "알고 보면 계단의 속살은 물렁하다고/ 곱고 다정한 진흙이 초석이 되고 난간이 될 거라고/ 생각하면서도" 말이다.

"비로소 이쯤 나이가 되어/ 등에 지고 온 꽃살문을 내려놓으면/ 앞으로 뒤로 혹은 가운데로/ 아무 데서나 아무 데로나/ 보인다던" 단단히 숨어 있는 절집은 온데간데없이 보이지 않는다. 청춘일 때는 보이지 않았던 것들이 나이가 들면서 보이는 것들이 있다. 힘들게 등에 한가득 짊어지고 있어도 살아지지만, 짊어지지 않고 있다고 해서 살지 못하는 것은 아니다. 다만 정도의 차이만 있을 뿐. "이쯤 나이가 되어"보니 화자의 눈에도 그간 보이지 않았던 것들이 하나씩 보이기 시작한다.

역사적으로 실제 지금까지 문헌상에 존재하는 폐사지는 3천여 개가 넘지만, 국가에서 관리하는 곳은 100여 개 정도라고 한다. 이 폐사지들은 불교의 윤회 사상처럼 폐허로 남아 있는 곳을 다시 활용하여 농지나 과수원 혹은 낚시터와 같이 문화적 공간으로 새롭게 활용되고 있다. 시 속에 등장하는 폐사지도 지금은 터만 남아 있지만, 과거에는 굳건한 절이 있었을 것이고 사람들에게 위안이 되었을 것이다. 시인은 시간의 흐름에 대해 불화하지 않고 있는 그대로를 받아들이며 이 폐사지 위에서 현재를 마주하고 있다.

별방진의 검은 돌덩이에 올라
문득 바다 쪽으로 눈을 돌리면
물에 젖은 지붕 끝으로
짐승의 눈빛
누가 지켜보고 있다

비딱한 높낮이로 쌓아 올린 절벽
검은 현무암 덩어리들이
틀니 소리를 내며 정렬하는 틈새
이리저리 정수리를 내미는 놈
절벽 끝에서 뛰어내리고

그림자끼리 모여 앉은 신당(神堂)

누가 뒤통수를 때린다

비틀리고 구불거리는 가시덩굴이다가

초서체로 날아오르는 구름이다가

신목 가지를 타고 오르는 햇빛이다가

현무암 사이로 서늘하게 부서지는

그놈 물빛

— 임희숙, 「하도리 남당」 전문

　우리 민족은 예로부터 민간에서 전해 내려오는 민간신앙을 신성하게 여겼다. 마을의 수호신으로 일 년에 한 번씩 정자나무에서 제사를 지내는 정자나무 신앙, 마을 입구나 고갯마루에 놓여 있는 돌무더기를 뜻하는 서낭당 신앙 등이 있다. 이러한 민간신앙은 마을의 안녕을 기원하고 병과 나쁜 기운을 막아주는 의미가 담겨 있다. 위험으로부터 벗어나고, 바라는 바를 성취할 수 있도록 기원하는 마음이 담겨 있는 것이다.

　제주 구좌에 있는 하도리 남당 역시 남당할망을 모신 당(堂)으로 사람들의 염원이 담겨 있는 곳이다. 남당은 어업을 관장하는 신이 좌정한 곳으로, 과거 어업이 활발하였던 시기 많은 어부와 선주들이 찾아와 비념을 올렸다고 한다. 하지만 현재는 어업이 활발하게 이루어지지 못하여 찾는 이가 없어져 폐당으로 남아 있다.

화자는 한쪽으로 비스듬히 기울어져 층층이 쌓여 있는 별방진에 오른다. 별방진은 조선시대 왜적의 침입을 막기 위해 쌓은 검은 현무암으로 이루어진 돌성이다. 이 "별방진의 검은 돌덩이에 올라" 문득 망망대해 펼쳐진 "바다 쪽으로 눈을 돌리면" 지켜보는 눈이 있다. "물에 젖은 지붕 끝으로/ 짐승의 눈빛"이 지켜보고 있다.

한 집안의 가장이 고기를 잡으러 바다에 나가면 다시 무사히 돌아오기까지 집에 있는 사람들은 애타게 빌고 또 빌었을 것이다. 그 마음이 "그림자끼리 모여 앉은 신당"에 담겨 있다. 때로는 "비틀리고 구불거리는 가시덩굴이다가/ 초서체로 날아오르는 구름이다가/ 신목 가지를 타고 오르는 햇빛이다가/ 현무암 사이로 서늘하게 부서지는/ 그놈 물빛"이 뒤통수를 때린다. 기다리는 그 시간은 가시덩굴처럼 험난하였다가도, 신령이 강림하여 머물러 있는 나뭇가지에 비추는 햇빛이기도 하였다. 이처럼 남당은 바다에 나간 사람들이 무사히 다시 돌아오기를 염원하는 마음과, 바다에 나가 돌아오지 못하는 사람을 그리워하는 마음이 공존하는 공간으로 형상화되고 있다.

「숨은 절집」의 폐사지와 「하도리 남당」의 남당은 현재는 텅 빈 공간이다. 공간이 비어 있다고 하여 마음까지 비어 있는 것은 아니다. 폐사지와 폐당은 비어 있지만, 염원하는 마음은 가득한 곳이다. 비어 있으나 비어 있지 않은 곳인 셈이다. 역사는 고정된 실체가 아니라 끊임없이 변화한다. 끊임없이 변화하는 역사에 대해 성찰하는 것은 시인의 책무이기도 하다. 임희숙 시인 역시 우리가 지나온 역사의 시간을 간과하지 않고 깊이 있게 들여다보고 있다.

자아탐구

매미 열일곱 스물아홉 서른셋

살구나무 벚나무 느티나무로 옮겨 다니며

울며불며 여름날을 보냈다

나도 한때 울고 다닌 시절이 있었다

사랑 때문에 매미처럼

죽을힘으로 울어야 했던 시간

운다는 것은 침묵이었나 외침이었나

사랑한다 사랑한다

마흔다섯 쉰둘 즈음엔

죽을힘으로 울어보고 싶어도

사랑은 더 이상 찾아오지 않았다

매미의 몸이 떠난 뒤 나무마다 남겨진 빈집들

날개가 누구에게나 솟는 건 아니었지만

나도 오래전에 집을 떠났었다

미라처럼 남은 매미의 빈 몸이

덜컥 손목을 잡아당긴다

예순일곱 일흔여덟 여든아홉

누구나 몸을 두고 떠나가는 진리

지금이 울고 있는 침묵이라는 걸

온몸으로 절절히 알고도 남은

서기 이천이십이년의 어느 날

— 임희숙, 「매미처럼」 전문

   무더운 여름 창가에 있으면 매미 울음소리를 들을 수 있다. 매미가 우는 것은 수컷이 암컷을 찾아 짝을 짓기 위해 구애하는 소리이다. 매미는 칠 년 동안 땅속에서 살다가 우화하여 열흘 정도 산다. 시인은 이 매미의 삶에 빗대어 자신의 삶을 들여다보고 있다. 이러한 자아에 대한 탐구는 주체가 스스로 자신을 존립할 수 있는 토대를 마련하는 과정이다. 자신을 깊이 탐구하지 않는다면 참된 자아와 만나는 것이 불가능해진다. 고요히 안으로 주의 깊게 탐구하여 참된 자신을 깨닫는 경지에 도달하는 시간이 필요하다.

   매미는 "살구나무 벗나무 느티나무로 옮겨 다니며/ 울며불며 여름 날을 보냈다". 시인 역시 열일곱과 스물아홉, 그리고 서른셋에 "사랑 때문에 매미처럼/ 죽을힘으로 울어야 했던 시간"이 있었다. 이때 운다는 것은 침묵이자 시인이 할 수 있는 유일한 외침이었다. 하지만 마흔다섯

이 되고 쉰둘 즈음에는 "죽을힘으로 울어보고 싶어도/사랑은 더 이상 찾아오지 않았다". 아이들이 장성하여 모두 집을 떠나간 뒤 텅 빈 집과 "매미의 몸이 떠난 뒤 나무마다 남겨진 빈 집"이 중첩되어 적막함을 더 하고 있다. "날개가 누구에게나 솟는 건 아니었지만" 시인 역시 오래전 집을 떠난 적이 있다.

시인도 예순일곱이 되고, 일흔여덟을 넘어 여든아홉이 될 것이다. "누구나 몸을 두고 떠나가는" 것이 진리이지만 "미라처럼 남은 매미의 빈 몸이/ 덜컥 손목을 잡아당긴다". "지금이 울고 있는 침묵이라는 걸/ 온몸으로 절절히 알고도 남은" 이천이십년의 어느 날 매미는 오늘도 온몸으로 울고 있다. 시인 역시 어디쯤에서 매미처럼 울음과 침묵, 그리 고 자신의 내부로 향한 소리 없는 외침을 반복하고 있을 것이다.

매미는 칠 년 동안 지낸 땅속에서 땅 위로 올라와 그동안 입고 있었 던 껍질을 벗고 성충이 된다. 성충이 된 매미가 벗어놓은 껍질이 마치 빈 집들처럼 쓸쓸하게 남아 있다. 하지만 매미에게 빈집은 온전한 자신 과 조우하는 공간이기도 하다. 껍질을 벗음과 동시에 가장 아름다운 소리로 암컷을 유혹하여 또 다른 자신을 남겨놓는다.

어린 바람 냄새가 나는 채반을 샀다
신선초와 민들레 잎사귀를 올려
안쪽으로 깊숙이 들어가는 날이면
대나무로 엮은 채반 위로

장화를 신은 노인이 물고기를 던져 주었다

맨발의 여자가 커다란 다시마를 이고 왔다

다시 눈을 감으면

울릉도 기울어진 집 한 채

진도의 실한 대파밭이 통째로 올라왔다

밤새 채반 위에 앉아 노를 저었다

가다가 너무 멀어 돌아오지 못할 것 같으면

노를 내려놓고 닻을 만들었다

겨우 낡은 신발창이나 시집 껍데기로 기운 갈고리였지만

허벅지에 달라붙은 불가사리와 보말 껍데기를 떼버리고

침대머리에 솟은 죽순을 캐내면

잠이 찾아 올 것도 같았다

그런다고 당장 떠도는 일이 없지는 않겠지만

그렇다고 해초를 문 물고기가 오지 않을 건 아니겠지만

　　　　　　　　　　　　　　— 임희숙, 「불면과 몽유 사이」 전문

위의 시에서 시인이 마주하는 불면과 몽유의 시간 역시 자아에 도
달하기 위한 일련의 과정이다. 텅 빔의 시간 시인은 자신과 마주하게
된다. 시인은 고요한 시간 드러나는 자신의 내면과 마주하며 그 읊조림
을 풀어내고 있다. 잠 못 이루는 밤, 시인은 '불면'과 '몽유' 사이를 서성

인다. 잠을 잔다고 생각하였지만, 실제 깊은 잠을 자지 못하고 꿈속에서 배회하고 있는 것이다.

시인은 꿈속에서 채반을 하나 샀다. 이 채반에서는 "어린 바람 냄새"가 풍긴다. 어린 바람 냄새가 살랑살랑 불어온다면 따뜻한 꿈을 꿀 것 같지만 화자는 꿈속에서 "장화를 신은 노인"도 만나고 "맨발의 여자"도 만난다. "다시 눈을 감으면/ 울릉도 기울어진 집 한 채"가 또는 "진도의 실한 대파밭이 통째로" 채반 위에 올라와 있기도 한다. "밤새 채반 위에 앉아 노를" 젓는다는 것은, 밤새 꿈속에서 배회하였음을 의미한다. 배회하는 꿈속에서도 무의식중에 "가다가 너무 멀어 돌아오지 못할 것 같으면/ 노를 내려놓고 닻을" 만든다. "겨우 낡은 신발창이나 시집 껍데기로 기운 갈고리"로 만든 닻이지만, 너무 멀리 가면 안 된다는 것을 무의식중에도 상기하고 있다.

시인뿐만 아니라 대부분 인간의 삶은 머물면서도 떠돌기 마련이다. 아침에 일어나 집을 나서면 저녁에 다시 귀가하기까지 우리는 길 위에서 떠돈다. 집에 돌아와 머무는가 싶으면 다시 떠돌게 된다. 숙면을 취한다고 하여, 몽유를 하지 않는다고 하여 "당장 떠도는 일이 없지는 않겠지만" 인간은 늘 어딘가를 떠돌며 자신의 내면으로 침잠하는 삶을 살고 있다.

시는 이처럼 자신의 내부를 들여다보는 일에서부터 시작된다. 시인은 내면에 있는 자아를 무기력하거나 냉소적으로 바라보지 않는다. 시 안에서 동일한 목소리로 일관성 있게 자신을 들여다보며, 이 들여다봄

속에는 시인의 섬세한 시선이 기저에 깔려 있다.

삶의 현장

금니빨삽니다
꽃집 앞에 선 입간판
국화 같은 여자가 빈 화분에 물을 주었다
왜 당신은 금니빨이 필요합니까?
꽃집을 지날 때면
어금니 자리가 웅덩이처럼 패여
침을 삼킬 때마다 뻘밭이 되었다

치과에서 이걸 주던데 어디에 쓸고?
아버지가 휴지에 싼 금니를 내밀었다
아버지의 구십 년이 가벼워졌다

여자는 금니빨을 구했습니까?
화분에게 물어보고 싶었지만
국화처럼 고운 여자의 화분에
모레나 글피 쯤 심으려 했다 금니

아버지네 요양사가 오지 않고

꽃집이 문을 닫은

동짓달 어느 날

— 임희숙, 「금니빨을 사는 여자」 전문

시인은 사물이 가지고 있는 근원을 포착하여 자신을 인식하기도 한
다. 사물이 가지고 있는 근원은 삶의 현장에서 비롯된다. 시인은 삶을
벗어나지 않고, 삶의 중심에서 작지만 소중한 것들을 이야기하고자 한
다. 무심히 지나칠 수 있는 사물이나 현상이 예리한 시인의 눈에 포착
되어 형상화된다. 이 시에는 아버지가 살고 계시는 집에 요양사는 오지
않고, 꽃집 문은 닫혀 있고, 여전히 화분은 비어 있는 "동짓달 어느 날"
의 일상이 그려지고 있다. 시인은 이 일상을 통해 아버지의 삶과 자신
의 삶을 들여다본다.

지나다니는 길목 꽃집 앞에 입간판이 서 있다. 이 입간판에는 맞춤
법 표기에도 어긋난 "금니빨삽니다"라는 글귀가 쓰여 있다. 시인은 꽃
집 앞을 지나갈 때마다 "왜 당신은 금니빨이 필요합니까?"라고 "빈 화
분에 물을 주"는 "국화 같은 여자"에게 묻고 싶어진다. 꽃집 앞을 지나
갈 때마다 "어금니 자리가 웅덩이처럼 패여/ 침을 삼킬 때마다 뻘밭이"
되는 것을 느낀다.

그러던 어느 날 아버지께서 "휴지에 싼 금니를 내밀었다". 금니가 하
나 빠짐으로 인해 "아버지의 구십 년이 가벼워졌"고, 여자는 아버지의

금니를 "모레나 글피 쯤" "국화처럼 고운 여자"가 물을 주는 "빈 화분"에 심으려고 했다. 금니를 심으면 구십 년을 사신 아버지의 삶에 다시 봄이 찾아올까. 국화 같은 여자가 물을 주는 빈 화분이 꽃들로 만개해질까. 화분이 비어 있다는 것은 언제든 다시 채울 수 있다는 의미이지만, 아버지 치아의 빈자리는 사실 완벽한 채움이 불가능하다. 빔과 채움, 없음과 있음의 차이는 상대적이지만 그럼에도 불구하고 인간은 여백을 채우며 하루하루 삶을 영위하고 있다.

시에서 주체는 세계와의 불화에서 시작된다. 시적 주체가 길을 잃으면 방황할 수밖에 없지만, 방황을 극복하고 주체를 바로 세운다면 세계와의 견고한 관계가 성립될 수 있다. 임희숙 시인은 견고한 역사의식을 겸비하여 사회에서 일어나는 현상을 세밀하게 역사적 관점에서 주체적으로 들여다보고자 한다. 인간의 역사는 인간이 스스로 만든다. 지나간 시간이든 앞으로 다가올 미래이든 새로운 질서를 만들고 채워야 하는 책무가 시인에게 있다. 또한 자아에 대한 탐구와 함께 삶의 현장도 놓치지 않는다. 끊임없이 자신과 소통하며 내면에 있는 자아를 들여다본다. 자아에 대한 탐구는 자신을 바로 세우기 위함이며, 이는 흔들림 없이 자신의 생각을 개진할 수 있는 방법이기도 하다. 더불어 시인은 삶의 주변이 아니라, 삶의 현장 속에 있고자 한다. 현장 속에서 함께 호흡하며 인간이 살아가는 보편적인 이야기들에 귀를 기울인다.

고독한 산책자의 미학
─ 임경렬론

임경렬 시인은 나주에서 태어나 광주에서 성장했고 현재 나주에 살고 있다. 이는 곧 나주 지역의 서사에 대해 누구보다 잘 알고 있는 사람이 바로 임경렬 시인이라는 의미이기도 하다. 지역에 대한 서사를 문학작품에 담는 것은 과거와 현재, 미래를 잇는 기제 역할을 한다. 총 4부로 이루어진 이번 시집을 관통하는 시어 역시 지역성 즉, 로컬리티이다. 시인은 '나주'라는 로컬의 정체성에 대해 진중하게 사유하고 좀 더 깊이 있게 들여다보고자 한다. 시인이 이러한 로컬리티를 찾아가는 과정은 지속 가능한 사회에 대한 통찰이며 동시에 미래의 담론이 가능하도록 하는 중요한 지점이기도 하다. 따라서 시인은 고향 나주를 한순간도 손에서 놓지 않는다. 현대사회를 살아가는 우리는 과학적·물질적으로 보다 더 윤택한 삶을 살아가고 있지만, 그 반면 소중한 정신적 자원의 한 페이지를 잊고 지내는 것도 사실이다. 빠르게 변화하는 사회 속에서 임경렬 시인은 사람들의 관심사 밖으로 밀려나고 있는 나주라는 지역 그리고 그 내면의 이야기를 하나씩 호명하여 숨결을 불어넣는다.

과거와 현재의 공존, 그 사라짐의 역사

시에서 장소는 시인의 삶, 곧 시인의 경험과 밀접한 관련이 있다. 장소는 인간 실존의 근원적 중심인 셈이다. 인간은 한 장소에 뿌리를 내리고, 그곳을 중심으로 세계를 바라보고, 세계와 관계를 맺는다. 경험의 주체인 사람의 상호작용을 통해 만들어지는 장소라는 고유한 특성을 에드워드 렐프는 '장소의 정체성'이라고 개념화하였다.

시인에게 장소의 정체성이 발현되는 곳은 나주이다. 나주는 영산강이 흐르는 지역으로 뱃길을 이용하여 다양한 교류가 활발하게 이루어졌는데, 특히 조선 시대에는 누정(樓亭) 문화가 발달하였다. 누정은 자연풍광이 뛰어난 곳에 건립되었다. 기능과 성격에 따라 은거의 장소이거나 강학과 학문연구, 문학의 산실, 선비들이 교유하는 공간으로 활용하였다. 시대의 고충을 극복하려는 소통의 공간이자 담론을 펼쳤던 장으로서 누정의 의미가 오늘날 점점 멀어져 가고 있다. 나주 지역 누정 또한 마찬가지다. 씨족 중심의 강회소나 마을 향회소로 활용하는 경우가 많다. 이에 시인은 날로 쇠퇴하고 있는 누정의 흔적을 따라 기록으로 남기고 있다.

> 아름드리 느티나무여
> 햇살로 추억을 데우는가

마르지 않는 강물이여

술잔에 깃든 달빛이 그리워서 찾아드는가

조각배 드나들던

안개 낀 사암나루 옛터는 묘연한데

정자는 고색의 바위울 사이에 건재하구나

마른 들녘은 연초록 새싹이 해갈이 하고

생동하는 삶은 유한한 세월을 생명선처럼 이어간다

들꽃처럼 다시 피어나는 선인의 흥취를 가슴에 품고

꿈꾸던 마루에서 자라나는 봄날의 추억을 헤아린다

처마 밑 천년의 저 바위는

무한한 세월을 시기하는 것일까

예찬하는 영롱한 시어(詩語)들, 낱낱이 기억하련만

묵묵히 봄 햇살만 마중하고 있구나

시절을 만난 새 생명이 아늑하게 돋아나고

완연한 봄기운이 사시절(四時節) 머무는 곳

장춘정

　　　　　　　　— 임경렬, 「장춘정(藏春亭)에 머문다」 전문

장춘정(藏春亭)은 다시면 죽산리에 있는 정자이다. 류충정이 관직에서 물러난 후 낙향하여 1561년에 건립하였다. 항상 봄을 간직하는 듯하다고 하여 붙여진 이름이 장춘정이다. "아름드리 느티나무"가 있는 장춘정에는 당대의 많은 문인이 찾아왔다. 고봉 기대승은 「장춘정기문(藏春亭記文)」에서 장춘의 의미를 묻고 답하는 내용을 기록하였고, 면앙정 송순, 석천 임억령, 사암 박순, 풍암 임복, 백호 임제 등 이름난 문인들이 이곳을 찾아와 시를 지었는데, 이는 《장춘정제영(藏春亭題詠)》을 통해 확인할 수 있다.

장춘정을 다녀갔던 문인들에게는 당시의 삶이 고스란히 간직되어 있는 장소이다. 하지만 현재는 조각배를 타고 드나들었던 "안개 낀 사암나루 옛터는 묘연"하다. 시를 짓고 '시대정신을' 논하는 발걸음이 드물어지고 있다. 이에 시인은 장춘정에 담긴 의미가 퇴색되어 가는 점에 대해 애석해한다. 그러나 다행인 점은 "정자는 고색의 바위울 사이 건재하"다는 것이다. "연초록 새싹"이 "세월을 생명선처럼 이어"가니 "선인의 흥취"가 "들꽃처럼 다시 피어"오르고 있다. 처마 밑 바위만이 당시의 "예찬하는 영롱한 시어(詩語)들, 낱낱이 기억"하고 있더라도, 아직도 건재하기에 끊이지 않고 이어질 것이다.

언덕을 오르니 풍모가 드러난다

첫 이름은 귀래당(歸來堂), 다시 태어난 영모정이다

몰려든 풍경이 풍호(楓湖) 언덕에 태반을 깊게 묻었다

어버이를 사모하고 그 뜻을 따르는 곳
순응하는 숨결이 강물처럼 유유히 흐르나니
반 천년 세월로 어떻게 다하고 이룰 수 있으리
저 강물이 마른들 어찌 멈출 수 있으리

(…중략…)

이 터의 맑은 기운으로 흠뻑 호흡하고
이 그늘 품에서 나날이 꿈을 키웠건만
되돌아온 오늘, 무엇을 더 바랄 수 있으랴
우월한 세월 앞에 낮은 마음으로 가다듬는다

인생길 같은 계단을 천천히 내려가려니
쌓은 시간을 비워내는 삶의 궤적이 덧없구나
이제 다가오는 앞날은 뒷사람에게 맡기고
흐르는 저 강물에 마른 붓 한 자루 적시련다
　　　　　　　　　— 임경렬, 「영모정(永慕亭)2」 부분

영모정은 나주시 회진마을 풍호 언덕에 있는 정자로 임붕(林鵬)이
건립하였다. 처음 '귀래당(歸來亭)'이라 했으나, 아들 임복이 1556년 재

건하면서 어버이를 길이 추모한다는 의미로 '영모정(永慕亭)'이라 했다. 이 시는 전반부와 후반부로 나누어 살펴볼 수 있다. 전반부인 1연 부터 4연까지는 영모정의 과거와 현재의 모습을 아우르고 있으며, 후반부 5연과 6연은 영모정에 올라 영산강을 바라보며 시인의 삶을 반추하고 있다. "언덕을 오르니" 영모정의 풍모가 제 모습을 드러낸다. "어버이를 사모하고 그 뜻을 따르는" 의미를 깊이 새기니 강물이 마른다 한들 지극한 마음은 멈출 수 없을 것이다. "기묘명현(己卯名賢)의 기개와 시인의 문학", "사대부(士大夫)의 의행(義行)과 항일의 발자국"이 "끊임없이 이어가고 어우러지는 곳"이다.

　　이곳의 "맑은 기운으로 흠뻑 호흡하고/ 이 그늘 품에서 나날이 꿈을 키웠"던 시인은 "우월한 세월 앞에 낮은 마음으로 가다듬는다". 더 멀리, 더 높이보다는 더 낮게 더 겸허하게 바라보고자 한다. "인생길 같은 계단을 천천히 내려가려니" 그동안 "쌓은 시간을 비워내는 삶의 궤적이 덧없"다는 것을 깨달은 것이다. 시인은 '계단'을 '인생길'에 비유한다. 오르다 보면 가파른 계단도 있고, 평편한 길도 있다. 이것을 극복하여 종내에는 짐을 내려놓고 "다가오는 앞날은 뒷사람에게 맡기고/ 흐르는 저 강물에 마른 붓 한 자루 적시"고자 한다. 즉 욕심을 버리고 오직 '마른 붓 한 자루'를 적셔 배움에 정진하고자 하는 것이다. 배움을 익혀 마음을 갈고 닦고자 함은 고결한 삶을 살고자 했던 선인들의 삶과도 잇닿아 있다. 시를 통해 물질이 아닌 정신에 매진하고자 하는 시인의 마음을 읽을 수 있다.

시집에는 장춘정과 영모정 외에도 많은 누정이 있다. 그중 한풍루는 여러 곡절을 겪으며 훼철되었다. 시인은 「한풍루(寒風樓)」를 통해 훼철되었다가 중건되는 과정을 소상하게 밝히고 있다. "임진전쟁 때 화마로, 강점기 때 만행으로" 곡절을 겪었다. 그러다 지금의 위치로 옮겨졌는데, 이 중건에 얽힌 일화가 있다. 백호 임제가 꿈에 계시하여 동생 임환(林懽)이 1599년 무주 현감 재임 때 중건했고, 1783년 후손 임중원(林重遠)이 중수하였다고 한다. 이렇게 "그 이름 이어오는데/ 이 모습 지켜오는데" 오랜 시간이 걸렸지만, 현재는 "수려한 자태"로 건재한 모습을 지키고 있다. 시인은 지금의 한풍루가 있기까지의 이러한 험난한 과정을 시의 언어로 압축하여 보여주고 있다. 이런 시편의 기록이 없다면 후세들은 한풍루의 역사를 간과할지도 모른다. 「창랑정(滄浪亭) 앞 조어대(釣魚臺)」는 인적이 없는 쓸쓸한 풍경을 묘사하고 있다. 창랑정은 백호 임제의 동생인 임탁(林侘)이 지은 정자이다. 창랑정 앞 영산강변에는 낚시 바위가 있다. 과거에는 "비단결처럼 창랑한 강물에 낚싯대 드리우며/ 유영하는 물고기는 마음속에 품고 시를 낚던 곳"이었으나 지금은 "기다림에 갇힌 초목만 무성하다." 이에 "아득한 옛사람이 그리워지는 날"의 단상을 시인은 한 폭의 수묵화처럼 담담하게 풀어내고 있다.

고독한 산책자가 그려내는 삶의 무늬

　시는 개인적인 사연을 담기도 하지만 직면하고 있는 사회 문제도 간과할 수 없다. 거대담론을 통해 사회를 인식하고, 이를 시에 환원하여 다시 보여주는 것도 시인의 책무이다. 모름지기 시인은 높은 곳을 꿈꾸는 자가 아니다. 낮은 곳을 바라보고, 낮은 곳을 희망하는 자가 진정한 시인이라 할 것이다. 임경렬 시인은 삶을 촘촘하게 바라봄과 동시에 낮은 곳에 있는 사람들의 이야기에 귀 기울이고 이들의 삶을 응시한다.

　　밀려든 듯한 바닷물이 강물에 섞인다

　　우아한 산자락이 마중 나온 기슭에는
　　포구가 포근하게 품을 열었다

　　바닷바람을 강변에 가두고 살아온 사람들

　　주섬주섬 뭍으로 나르던 애환을 묻어둔 채
　　물길을 되돌려 사무친 추억을 찾아가는데

　　아득한 옛사람은 바닷새 따라 전설처럼 떠났고

바윗돌에 새겨 놓은 짙은 그리움이

암각화처럼 남아 갯바위로 모여든다
— 임경렬, 「영산도 사람들」 전문

영산도는 전남 신안군에 있다. 고려 시대 왜적의 침입이 빈번하여
나라에서 공도정책(空島政策)으로 섬에 사는 주민을 육지로 강제 이주
시켰다. 이때 영산도에 사는 사람들이 나주 영산포로 옮겨 정착하였
다. 이 시에는 당시 이러한 삶의 애환이 그려져 있다. 흑산도의 바닷물
이 영산강 강물과 섞이는 곳에 "바닷바람을 강변에 가두고 살아온 사
람들"의 삶이 있다. "주섬주섬 뭍으로 나르던 애환을 묻어둔 채/ 물길
을 되돌려 사무친 추억을" 찾아가는 그들의 걸음이 어찌 가벼울 수 있
겠는가. 짙은 그리움은 바윗돌에 새겨두고 갯바위에 모인 사람들의 무
게는 무거울 수밖에 없었을 것이다. 과도하게 감정을 이입하지 않고 한
걸음 뒤에서 묵묵히 체화하고 있다.

사진 한 장 끼워져 있다 낡은 책갈피처럼

파고든 먼지에 덮인 책장 틈 사이로
탈색된 사람들과 이끌려온 짚단이 섞여서

틈새 없는 침묵을 가득 채우고 있다

일제 강점기, 가마니 짜기를 겨루는 장면이다

(…중략…)

빛바랜 사진 한 장에 머물러 있는 상처가
아픔으로 다시 다가오는 듯하다

— 임경렬, 「사진 한 장」 부분

이 시에는 역사의 상흔이 담겨 있다. 시인이 마주한 사진 한 장에는 "일제 강점기, 가마니 짜기를 겨루는 장면"이 담겨 있다. 일제는 조선의 쌀을 수탈하기 위해 학생과 농민을 동원하여 가마니 짜기 대회를 열었다. 시인의 눈에 들어온 "빛바랜 사진"에는 이 모습이 고스란히 담겨 있었던 것이다. 나주는 일제 강점기 때 수탈의 대상이 되는 곳이었다. "살아간다는 것도 힘들었던 그 시절" 일제는 우리 "민중의 땀과 눈물을 연료로 삼아/ 넘치도록 노동의 착취를 보태고/ 고혈을 짜내서 섬나라로" 보내는 만행을 자행했다. "역사를 끊고 문화를 송두리째 앗아가려고" 했던 그 아픈 역사를 시인은 시 속에 부활시켜 그 의미를 다시 곱씹어 보고자 한다.

시인의 시선은 삶의 곳곳에 닿는다. 「상처 난 풍경」에는 자연을 해치는 인간의 욕망을 그려내고 있다. "역사의 품속에 기나긴 인연을 간직한 백룡산"의 중턱에 도로를 개설하여 자연을 손상했다. 백룡산에는 조선의 개국설계자 정도전이 유배 생활을 하며 민본사상을 정립했고, 고려말 두문동 72현 임탁 묘소가 있는 역사가 교차한 곳이다. 이곳을 "파헤치고 깎아내고 산허리를 잘라/ 어긋난 경계선을 그어놓는" 현실을 응시한다.

"당산나무의 천수(天壽)를 지키겠다"(「안개 속 당산나무」)는 마을 주민들의 이야기를 대신 전하기도 하며, 울창함은 사라지고 "군살 돋은 상처만 겹겹이"(「고목을 바라보다」) 남아 있는 느티나무가 세월의 뒤란길에서 쓸쓸하게 식어가는 모습을 애잔하게 바라본다. 중국 연변의 류경식당을 방문했던 시인은 북한에서 건너온 "가슴에 달을 품은 여인"들의 "손끝에 서린 그리움"(「류경식당 여인들」)을 읽어내기도 하고, 짙은 화장으로 자신을 감추고 "쓰디쓴 웃음"(「거리의 여인들」)을 팔아야 하는 지경에 이른 베네수엘라 여인을 안타까운 시선으로 바라본다.

시(詩)로 들려주는 옛이야기

시인은 누정뿐만 아니라 나주 지역 전설들과 숨은 장소들을 시 속으로 소환하여 보여준다. 시인은 부모와 자식 간의 사랑도, 연인 간의 사랑도 그냥 넘기지 않는다. 전해오는 이야기로 치부하지 않고 공감하며 이를 널리 전파하고자 한다.

오래전, 짙푸른 물길을 따라간 어부는
아낙네의 온순한 숨결을 가슴에 간직한 채
무너진 물너울에 기약 없이 갇히고

오늘, 불빛을 덮고 골목길을 거닐던 청춘들은
영문도 모른 채 다급한 발걸음이 꺾였다

정처 없는 영혼이 어둠에 엉키어
어슴새벽까지 서럽게 떠돈다 그곳에서

파랑새가 흔적을 뒤지며 떠나간 서녘,
눈을 감고 바라본다 서늘바람 맞으며

— 임경렬, 「이별 바위」 부분

　이 시는 자연 속 이별 바위에 얽힌 전설과 도시의 이태원 참사가 중
첩되어 있다. 석관정에 오른 시인은 이별 바위와 마주한다. 뱃길을 떠난
임을 기다리는 여인의 마음이 새겨 있는 이별 바위에는 여러 전설이 전
해지고 있다. 2022년 가을, 서울특별시 용산구 이태원에서 참사가 일어
났다. 방치된 좁은 골목길 경사로에 사람들이 몰리면서 압사 사고가 발
생했다. 159명이 세상과 영원한 이별을 하였다. 이별이라는 숙명 앞에
서 인간은 자유로울 수 없다. 누구에게나 이별은 늘 슬픔을 함유하고

있다. "오래전, 짙푸른 물길을 따라간 어부는/ 아낙네의 온순한 숨결을 가슴에 간직한 채/ 무너진 물너울에 기약"이 없고, 그로부터 "오늘, 불빛을 덮고 골목길을 거닐던 청춘들은/ 영문도 모른 채 다급한 발걸음이" 꺾여버리고 말았다. "어슴새벽까지 서럽게" 떠도는 영혼을 어떻게 위로할 수 있을 것인가. "파랑새가 흔적을 뒤지며 떠나간" 이 참담한 상황을 시인은 "서늘바람 맞으며" "눈을 감고 바라"보는 것으로 대신한다.

지구를 딛고 솟아오른 앙암 절벽

연인의 못다 이룬 사랑을 숨죽이며 껴안았는데
핏빛 영혼은 벼랑 끝에서 매달리고
화석이 된 눈물은 낭떠러지에 두 몸을 기댄 채
도드라진 부조처럼 육신을 새겼다

뉘엿뉘엿 쓸쓸함이 태어날 때
붉게 물든 강물이 또 하루를 씻어낸다
여인의 검붉은 치맛자락을 적시며

— 임경렬, 「가야산의 석양」 부분

나주 지역에 얽힌 전설은 위의 시에서도 엿볼 수 있다. 이 시에서는 앙암바위의 전설을 보여준다. 영산포구에서 강을 따라가다 보면 가야

산 절벽이 있는데, 이곳이 이루지 못한 사랑의 전설이 전해오는 '앙암 바위'이다. 영산강을 사이에 두고 택촌에 사는 아랑사와 진부촌 처녀 아비사의 슬픈 사랑 이야기가 구성되어 오랜 세월 전해졌다. 이 전설을 바탕으로 남녀가 서로 기대고 있는 모습이 절벽에 새겨져 있다. 시인은 이에 얽힌 이야기를 시의 언어로 펼쳐 놓는다. "조각구름이 연인처럼/ 손목을 부여잡고 강물 위를" 떠돌 수밖에 없는 아랑사와 아비사의 "못 다 이룬 사랑"을 현재 시인의 시선으로 나지막이 읊조리고 있다.

「드들강에서」는 남평 지역에 위치한 드들강 전설을 형상화하였다. 홍수가 잦았던 지석강에 마을 사람들이 처녀를 제물로 바쳤다. 가난한 집안의 처녀였던 드들이는 쌀 백 석에 자신을 제물로 바치는 희생을 하였다. 이후로 홍수는 나지 않았다고 한다. 이 설화는 초자연적 존재에게 사람을 제물로 바치는 '인신공희(人身供犧)'의 내용을 담고 있다. 개인보다는 집단을 위해 산 사람을 제물로 바쳤다는 것은 시인의 마음을 아프게 하였을 것이다. "구휼하듯/ 한목숨 바쳐 강물을 다스리고" "들녘에 풍요를 펼쳤던" 드들이가 시인의 마음을 움직인 것이다. "슬픈 영혼이 걸음걸음 파편으로 남아/ 쓸쓸히 이승을 떠"돌고 있다. 시인은 시로나마 드들이를 위무하고자 한다.

말 없는 존재들

시인의 내력은 "선조의 마지막 고려인(高麗人), 소윤공 할아버지"(「신걸산(信傑山)로부터 이어지고 있다. 나주시 다시면에 있는 신걸산은 "구름을 껴안고 솟아오른 봉우리에" "상서로운 기운이 그윽하게 서려" 있는 곳이다. 골짜기마다 역사의 숨결이 흐르는 신걸산에서, 고상하고 겸손하게 살다 왔는지 소윤공이 후손들에게 묻는다. 이러한 선조들이 말없이 시인을 지켜주는 든든한 존재이며 시인에게 울타리를 만들어 준다.

> 시향(時享) 제물을 장만하려는 할아버지 따라 오일장(五日場)
> 에 왔다. 줄을 맞춰 늘어선 좌판 위 물건에는 애당초 관심이 없다.
> 할아버지 일행 뒤를 졸졸 따르는 발걸음은 아예 별개다. 집을 따
> 라나설 때부터 꿈꾸던 주전부리와 함께하고 있다.
>
> — 임경렬, 「어물전의 기억」 부분

시인의 뿌리가 과거로부터 이어지고 있다는 것은 자명하다. 이는 위의 시를 통해 확인할 수 있다. 과거 유년 시절을 회상하며 시의 도입부가 전개되고 있다. 유년 시절의 시인은 시향 제물을 장만하려는 할아버지를 따라 오일장에 갔다. 당시 시인은 물건에는 관심이 없고 주전부리에만 관심이 있는 꼬마 아이였다. 한 손에는 튀밥을 들고, 입안에 눈깔사탕을 굴리며 달콤함에 빠지는 순간이다. 시간이 흘러 할아버지는 계시지 않고, 그 아이가 이제는 시향 제물을 장만하러 오일장에 나왔다. 어느덧 장성하여 "반백 년이 지나간 음력 10월" 시향 제물을 장만해

야 하는 나이에 이르렀다. "속절없이 떠나고 훌쩍 흐른 세월에 밀려 장터도 옮기고, 어물전 주인도 바뀌고, 문중 사람도 새로운 얼굴이지만 장날"의 풍경만큼은 예전 그대로이다. 시인 역시 "그 시절 할아버지를 똑같이 닮"아 있다.

시인의 시선은 어머니의 묘소가 있는 회진마을 서편 "잠애산 구릉"(「가을 낙서」)에 닿기도 한다. 십삼 년을 함께 지낸 반려동물도 시인에게는 가족이다. 순백의 자태를 뽐냈던 한라의 삶에 "마침표를 어떻게 찍어야 할지 망설"(「어떤 이별」)이다 담담하게 보내는 시인의 마음에서 애틋함을 확인할 수 있다.

시간은 말없이 왔다가 말없이 가는 존재이다. 아래의 시는 죽음에서 시작하여 죽음으로 끝나는 삶의 고리에 대한 시이다.

한껏 치열(熾烈)하게 살아간다

죽음을 위해

있는 힘 다하여 달린다

그 길

시작과 끝은 죽음이다

생명을 버려

다른 생명체(生命體)를 얻는다

— 임경렬, 「삶」 전문

  인간은 하루하루 치열하게 살아간다. '먹고 산다'는 명제가 당연한
것 같으나 어려운 일이다. '어떻게 잘 먹고 어떻게 잘 살아야 하는가'의
문제로 외연이 확장되고 있다. 그렇다면 인간이 나아갈 방향은 어디인
가. 열심히 살아가는 것이다. 남의 것을 욕망하지 않고 자신을 귀하게
여기며 스스로에 감사하고, 나의 뒤에 누가 있는지도 가끔 살피며 사
는 것이다.

  그러나 이렇게 치열하게 살아가는 것들의 끝에 서 있는 것은 결국
'죽음'이다. "있는 힘 다하여 달린" 그 "시작과 끝은 죽음"인 것이다. 하지
만 절망하기에는 이르다. "생명을 버려 다른 생명체(生命體)를 얻"기 때
문이다. 모든 생을 소진하고 죽음으로 가는 것이 당연한 순리이지만, 시
인의 내공이 당연하지 않은 '죽음'이라는 삶에 대한 전언을 담담하게
들려준다. 삶과 죽음은 따로 존재하는 것이 아니라 하나라는 것이다.

  임경렬 시인의 시는 정도를 걷는다. 언어유희나 과도한 기교 없이 올
곧은 그의 심성이 시 안에 그대로 펼쳐져 있다. 시란 무엇인가, 지향하

는 바는 무엇인가에 대한 논의는 꾸준히 제기되어 왔다. 이러한 문제들이 현실과 적절하게 동화되기 위해서는 시인의 역할이 크다고 할 것이다. 시인은 단순히 지역을 어떤 기호와 상징으로 살피면서 일차적인 정보만을 제공하는 존재가 아니다. 지역이 가지고 있는 고유의 속성을 통해 지역의 재현을 넘어서고자 하는 것이 시인의 역할이며 몫이라 할 수 있다. 임경렬 시인은 이러한 지역의 정체성에 대해 고민하고, 그 편린을 보여준다. 현재의 중요성도 인지하면서 미래에도 이어질 수 있도록 거듭 사고하고자 하는 그의 흔적이 시집에 고스란히 담겨있다.

임경렬 시인은 나주문화원장을 지냈다. 재임 시절, 나주시의 문화 발전에 노력을 기울이고 소기의 성과도 얻었다. 나주를 사랑하는 마음이 근원이다. 현대는 놀거리, 즐길 거리 등 늘 새로운 것들이 넘쳐나는 시대이다. 이러한 시대적 상황에서 옛이야기를 기억하고 반추하는 일이 현대인에게 더는 새롭지 않다. 그런데도 나주를 지켜내고자 하는 마음과 마음을 모은 시인의 고독한 산책은 오늘도 이어지고 있다. 과거는 현재를 존재하게 하고, 현재는 미래를 만든다는 것을 시인은 잘 아는 것이다. 대상을 바라보는 고독하고 쓸쓸한 시선이 연민과 안타까움이라는 정서적 감응을 일으키기에 독자는 시인과 함께 고뇌하며 한 걸음 나아갈 수 있다.

숲의 은유와 강렬한 삶에 대한 여운

— 허형만, 김선태론

숲의 은유

허형만 시인은 1973년 《월간문학》에 시, 1978년 《아동문예》에 동시
로 등단하며 작품활동을 시작하였다. 1978년 첫 시집 『청명』을 시작으
로 『그늘이라는 말』, 『불타는 얼음』(2013), 『가벼운 빗방울』(2015), 『황
홀』(2018), 『바람칼』(2019), 『음성』(2020) 등 다수의 시집과 시선집을 펴
냈다. 중국어 시집 『許炯万詩賞析』과 일본어 시집 『耳な葬る』, 수필집
『오매 달이 뜨는구나』와 평론집 및 연구서로 『시와 역사인식』, 『우리시
와 종교사상』, 『영랑 김윤식 연구』, 『문병란 시 연구』, 『허형만 교수의 시
창작을 위한 명상록』 등이 있다. 한국예술상, 영랑시문학상, 한국시인
협회상, 공초문학상 등을 수상하였고, 목포대학교 국어국문학과 교수
를 역임하였다.

이번 시집인 『만났다』는 허형만 시인의 스무 번째 시집이다. 이 시집
에는 곳곳에서 만나는 모든 사물과 자연이 시로 형상화되어 있다. 산
책길에 숲에서 만나는 나무와 꽃, 새와 숲 등이 모두 시집 속에 들어와
있다. 시인은 주위의 자연과 사물에 눈길을 건네고, 자연의 소리에 귀

를 기울인다. "참새 두 마리의 작은 몸짓에 우주가 술렁"(「작은 몸짓」)이는 것을 보고, 이 술렁이는 자연의 소리를 받아적는다.

　이 시집은 총 3부로 이루어져 있다. 1부에서는 여든을 바라보고 있는 시인 자신의 삶의 모습과 인간의 보편적인 삶의 모습이 함께 담겨 있다. 시인은 나이가 드는 현실과 담담하게 조우한다. 운명이라 생각하며 지금 이 순간을 겸허하게 받아들인다. 시집 속에서 "75세 이상 어르신"인 현재 시인의 모습과 "광주서석초등학교 1학년 10반/ 허형만 어린이"(「백신 맞은 날」)의 모습을 다채롭게 만날 수 있다.

　　　빛의 속도로 달려오고 있을 당신을

　　　마냥 기다리고 있을 수만은 없어

　　　나도 당신을 맞이하러

　　　지구의 공전 속도로 달려가고 있습니다.

　　　당신과 내가 어디서 만날지는 모릅니다.

　　　워낙 빠른 속도로 달려오고 달려가는 중이라

　　　우리가 서로를 발견할 수 있을까요

　　　설령 발견한다 해도 한 번도 만난 적이 없는

　　　당신이 나를 알아볼 수 있을까요

　　　비바람을 이기고 마침내 피워낸 꽃처럼.

　　　　　　　　　　　　　　　— 허형만, 「마침내 피워낸 꽃처럼」 전문

위의 시는 시집의 가장 처음에 실려 있는 시이다. "빛의 속도로 달려오고 있을 당신을/ 마냥 기다리고 있을 수만은 없어" 시인도 "당신을 맞이하러/ 지구의 공전 속도로 달려가고 있"다. "워낙 빠른 속도로 달려오고 달려가는 중이라/ 우리가 서로를 발견할 수 있을"지, "설령 발견한다 해도 한 번도 만난 적이 없는/ 당신이 나를 알아볼 수 있을"지 걱정이 된다. 언제, 어디에서 만날지 모르지만 만나야 하는 것이 운명이라면 피할 수 없을 것이다. '비바람'이라는 장애물이 앞을 가로막는다고 하더라도 꿋꿋하게 이겨내고 마침내 꽃을 피우게 된다.

어려움을 이겨내고 마침내 꽃을 피워내기까지 많은 고난과 시련이 있었음은 자명하다. 세상의 모든 생명의 탄생은 신비롭지 않은 것이 없다. 동물이든 식물이든 그리고 한 편의 시가 탄생하는 순간 역시 그러하다. 탄생하기 전에는 세상에 존재하지 않았던 것들이 결국 세상 밖으로 나오는 순간은 경이로움 그 자체이다.

『만났다』에서는 위와 같은 탄생도 있는 반면, 소멸도 찾아볼 수 있다. "상한 전복을 먹고" 탈이 난 시인은 "위장을 소란케 한 죄로/ 꼬박 이틀을 누워 정신을 못 차렸다./ 나이 칠십 중반 생애가 상해도 단단히 상"한 것이다. 탈이 난 채 며칠 누워 있다가 "그냥 그렇게 간다는 것/ 깊이도 모른 채 그냥 그렇게/ 나이 칠십 중반이면 이제 상할 나이지./ 아니 이미 상한 나이지."(「상했다는 것」)라며 자신의 나이 듦에 대해 이야기한다.

「한 생은 또 그렇게 견디고」에서는 삶과 죽음의 경계에 대해 생각해

보게 한다. 팔십 즈음에 가까운 시인에게 오늘은 늘 마지막 같다. "아침밥을 먹으며 이게 마지막 밥"이지 생각했고, "아침밥을 먹고 나서 커피를 마시며, 이게 마지막일걸" 생각했다. "책상에 앉아 원고를 손질하며, 이게 마지막 작품일 걸" 생각했고, "아내의 목소리도" "생애 마지막 듣는 소리일 걸, 나 죽으면 누가 들어주지" 생각했다. 삶을 이어가고 있으면서도 죽음에 대해 끊임없이 생각하는 시인은 "바람 같은 한 생"을 오늘도 여전히 "또 그렇게 견디고" 있다. 오늘이 마지막인 것처럼 삶은 매일 이어지고 있다.

"얼마 남지 않은 시간"(「얼마 남지 않은 시간」)이지만, "빠담빠담 나의 심장 박동 소리"(「이 은총의 아침」) 들으며 "산수유 열매로 식사 중인 직박구리와 대면"(「대면」)하는 평화로운 시간을 갖기도 한다. 반면 인간의 욕망이 빚어놓은 코로나 19의 상황으로 "이웃이 이웃을 경계하고/ 서로의 만남을 두려워하며/ 살면서 다시는 안 볼 것처럼/ 등 돌려 미움의 칼을 가는"(「우리가 원하는 것」) 현실의 상황을 안타까운 시선으로 바라보기도 한다.

제2부에서는 시인으로 시를 쓰는 마음가짐과 시를 쓰고자 하는 사람들에게 들려주는 당부가 담겨 있다. "시를 쓴다는 일이/ 사람을 사랑하는 일만큼 힘들다"(「당신에게 묻는다」). "한 편의 시가 태어날 순간의 침묵은 얼마나 두려운가"(「순간의 침묵」). 하지만 "쓰는 일이 아무리 힘들어도 행복하니까"(「나는 오늘도 시를 쓴다」) 시인은 오늘도 시를 쓴다. "지상에서 우리의 시간은 길지 않다./ 그러니 지금 써라./ 써야 할 때

쓰지 않으면 쓰고 싶을 때 쓸 수 없다"(「지금 써라」). 그리고 시인은 묻는다. "생의 마지막에 들려줄 눈물겨운 시 한 편쯤 있는지"(「당신에게 묻는다」)라고 말이다. 다음의 시를 통해 시에 대한 시인의 각별한 마음을 확인할 수 있다.

보슬비 오시는 날
날마다 찾아가는 산길을 걷는데
저만치 산까치 대여섯 마리
보슬보슬 젖는 길에서
신나게 뛰놀고 있다.
나도 함께 뛰고 싶어 우산을 접고
비에 젖으며 가만가만 다가가는데
눈치 빠른 산까치들
후르르 나뭇가지 위로 날아오른다.
하이고, 못 본 척 그냥 되돌아갈걸
미안해하며 비에 젖어 걷는다.
젖어라 시여
심장 깊이 젖어라 시여
산까치도 젖으며 노래하나니
산딸기도 젖으며 붉게 익나니
보슬보슬 젖은 시는 부드럽나니

젖어라 시여

뼛속까지 젖어라 시여

— 허형만, 「산까치」 전문

이 시는 제29회 공초문학상을 수상한 작품이다. 시인은 날마다 "산길을 걷는데" 그 날은 보슬비가 내렸다. "저만치 산까치 대여섯 마리/ 보슬보슬 젖는 길에서/ 신나게 뛰놀고 있"는데, 함께 뛰놀고 싶은 마음에 시인은 "우산을 접고/ 비에 젖으며 가만가만 다가"간다. "눈치 빠른 산까치들"은 뛰놀기를 멈추고 "후르르 나뭇가지 위로 날아"올라가 버렸다. "하이고, 못 본 척 그냥 되돌아갈걸"하고 뒤늦은 후회가 밀려온 시인은 "미안해하며 비에 젖어 걷는다".

보슬비가 내리는 산길에는 산까치와 산딸기 등 모든 것들이 흠뻑 젖어있다. "산까치도 젖으며 노래"하고, "산딸기도 젖으며 붉게 익"는다. 그런데 정작 우산을 쓰고 있던 시인만 젖지 않았다. 우산을 접고 산까치와 함께 비에 젖던 시인은 자신의 시도 젖기를 소망한다. "보슬보슬 젖은 시는 부드"러우니 뼛속까지 흠뻑 젖어 "심장 깊이 젖어" 마음속을 파고드는 시를 쓰기를 갈망한다. 이 시의 묘미는 자연을 바라보는 시인의 통찰력에도 있지만, 시가 흠뻑 젖기를 바라는 깊은 성찰과 사유에도 있다.

제3부에는 숲의 이야기가 가득하다. 시인은 숲에 들어 행복을 느낀다. 시인은 한 살 한 살 나이가 들어가지만, 나이가 든다는 것은 슬픈 일

이라기보다는 "늙는 것도 익는 것이라 그것이 바로 행복이다"(「행복」)
라고 생각한다. 시인이 "숲에 가는 이유는/ 마음을 비우"기 위해서다
(「숲에 가는 이유」). 숲은 "지상과 하늘을 하나로/ 번지고 스미고, 스미
고 번지게 하시니" "참으로 위대"(「위대한 숲」)한 곳이다. 시인은 삶의
모든 것을 이 숲에서 배운다.

　　　　나는 내가 얼마나 작은지를
　　　　숲에서 배운다.

　　　　나보다 작은 키의 풀이 꽃을 피우고
　　　　나보다 몸집이 작은 나무에 새들이 쉬었다 간다.

　　　　그러니 숲에서는
　　　　나보다 더 작은 것은 하나도 없다.

　　　　이건 절대 겸손이 아니다.
　　　　이건 절대 오만도 아니다.

　　　　보라, 저 썩어 문드러진 등걸도
　　　　백련처럼 해맑은 버섯을 들어 보이고 있다.
　　　　　　　　　　　　　　　— 허형만, 「숲에서 배운다」 전문

숲에 들어서면 시인 스스로 "내가 얼마나 작은지를" 실감하게 된다. 이 시에서 '작다'는 것은 단순히 부피와 넓이 같은 물리적 의미를 뜻하는 것이 아니다. 숲길을 천천히 걸으며 자신과 마주하고, 스스로를 낮춤으로써 광의의 의미로 사물을 바라보는 시인의 혜안이 담겨 있다. 물론 숲에는 시인보다 키가 큰 나무들도 있고, 시인보다 작은 연약한 식물들도 있을 것이다. 숲에서는 시인보다 "작은 키의 풀이 꽃을 피우고", 시인보다 "몸집이 작은 나무에 새들이 쉬었다 간다".

또한 숲에서는 서로를 시기하거나 질투하지 않고, 함께 어우러져 상생한다. 어느 것 하나 허투루인 것이 없고 모두 제각각의 쓰임과 역할이 있다. "썩어 문드러진 등걸"에도 "백련처럼 해맑은 버섯을 들어 보이고 있다". 나무의 줄기를 베어버리고 남은 밑동에도 새로운 생명이 찾아와 함께 하는 것이다. 서로 보듬어 안는 이들이 있으니 숲에서는 시인보다 "더 작은 것은 하나도 없다". 시인은 이 모든 것은 자신이 겸손해서도, 오만해서도 아니라고 말한다. 이는 지극히 당연한 자연의 이치라고 말한다.

시인은 빗방울에서도 삶의 이치를 읽어낸다. "욕심을 버리고 가볍게 살라고/ 빗방울처럼 아래로 아래로 내려가라고/ 비 오시는 날 숲길"이 말해준다. "아무리 힘든 삶일지라도 희망을 품으라고/ 비 오시는 날 숲길은 가르쳐"(「오늘도 비 오시는 날」)준다. 그러니 시인은 숲을 찾을 수밖에 없다. 시인은 오늘도 "한 번도 가보지 못한 길을 걸으며/ 내 생애 마지막 한 줄의 시를 생각한다"(「한 번도 가보지 못한 길」).

『만났다』에는 담담하게 삶과 자연을 관조하는 시인의 혜안이 오롯이 담겨 있다. 시인은 자신의 삶을 들여다보며 이 삶을 자연의 영역으로 확장 시켜 이야기한다. 시인이 만나는 참나무, 멧새, 풀잎 등 자연에서 만나는 모든 존재들이 명징한 언어를 통해 시인의 사유와 만나 한 편 한 편의 시가 되고 있다. 인간의 보편적인 삶을 시의 영역으로 형상화한 시인의 깊은 서정과 울림을 시집을 통해 확인할 수 있다.

짧지만 강렬한 삶에 대한 여운

김선태 시인은 1993년 《광주일보》 신춘문예 당선과 『현대문학』 시 추천으로 등단하여 작품활동을 시작하였다. 시집으로 『간이역』(문학세계사, 1997), 『작은 엽서』, 『동백숲에 길을 묻다』(세계사, 2003), 『살구꽃이 돌아왔다』(창비, 2009), 『그늘의 깊이』(문학동네, 2014), 『한 사람이 다녀갔다』(천년의 시작, 2017), 『햇살 택배』(문학수첩, 2018)가 있으며, 문학 평론집으로 『풍경과 성찰의 시학』(작가, 2005), 『진정성의 시학』(태학사, 2012) 등을 상재하였다. 시작문학상, 송수권시문학상 등을 수상하였고, 현재 목포대학교 인문대학 국문학과 교수로 재직 중이다.

『짧다』는 여덟 번째 시집으로 총 4부로 이루어져 있다. 이번 시집에는 긴 시편들을 찾아볼 수 없다. 모두 짧은 시들이 모여 있다. 1행과 2행으로 이루어진 시들도 많고, 10행을 넘어가는 시가 없다. 시에 의미를 부여함에 있어 행의 길이가 중요하지 않다는 것을 확인할 수 있는 시집이다. 짧다고 해서 의미를 부여하지 못한 것이 아니라, 오히려 삶의 단상들을 더 강렬하면서도 호소력 깊게 보여준다.

평생토록 지은 집이
못마땅해 부숴 버렸더니
비로소 마음에 드는 집이 생겼다

이제 내 안에 집이 있으니
바깥엔 집이 없어도 되겠다

마음대로 드나들 수 있도록
사방팔방으로 뚫려 있는 집
정신의 뼈대만 앙상한 집이

없으니까 있다

— 김선태, 「있다」 전문

집은 의식주 중 하나로 인간의 생명을 안전하게 지켜주는 역할을 하
는 거주의 공간이다. 뿐만 아니라 가족 간에 서로 소통할 수 있고 휴식
을 취하는 따뜻한 안식처이기도 하다. 시 속의 화자 역시 평생 이러한
집을 지으며 살았다. 그런데 어느 날 이 집이 "못마땅해 부숴"버린다. 집
을 부수는 행위에는 겉치레에만 치중하여 본질을 놓쳐버린 현대인들

의 모습이 투영되어 있다. 집이 중요한 이유는 가족 간에 서로 유대감을 형성하고, 내일을 위해 안식을 취할 수 있기 때문이다. 하지만 현대 사회에서 집은 자신의 부를 과시하기 위한 도구적 수단이 되어버렸다. 이는 본질에 치중하지 못하고 허례허식을 더 중요하게 생각하는 현대 사회의 한 단면을 보여주고 있는 셈이다.

시인은 과감하게 이러한 집을 부숴버렸다. 부수고 나니, 부숴버린 그 자리에 오히려 "비로소 마음에 드는 집이 생겼다". 이 집은 "마음대로 드나들 수 있도록/사방팔방으로 뚫려 있는 집"으로 "정신의 뼈대만 앙상한 집"이다. 정신이 굳건하게 버티고 있다면 어떠한 시련과 고난도 물리칠 수 있을 것이다. 시인은 "이제 내 안에 집이 있으니/ 바깥엔 집이 없어도 되겠다"고 생각한다. 정신만 있고 허례허식은 없는, 즉 "없으니까 있는 집"이 시인에게 생겼다.

마음 心자에는 낚싯바늘이 하나 있다
잘만 하면 세상을 낚을 수 있지만
잘못하면 심장이 꿰일 수 있다

— 김선태, 「心」 전문

3행으로 이루어진 이 시는 마음에 대한 이야기를 하고 있다. 인간의 마음은 무수히 많은 갈래로 이루어져 있다. 어제의 마음이 오늘의 마음이지 않고, 오늘의 마음이 내일의 마음이 될 수 없다. 늘 각각 다른 색

깔의 마음이 현대인들의 삶에 번뇌를 더하기 마련이다. 시인은 한자 '心'
을 낚싯바늘로 형상화하고 있다. 물고기를 잡기 위해 낚시를 하기도 하
지만, 물고기가 수면 위로 올라오기를 기다리며 사색의 시간을 즐기기
위해 낚시를 하기도 한다. 시인은 낚시를 하며 이 낚싯바늘로 물고기뿐
만 아니라 "잘만 하면 세상을 낚을 수 있"을 것이라 생각했다. 하지만
사색의 시간을 통해 잘못하면 도리어 내 "심장이 꿰일 수 있다"는 점을
간파해낸다. 세상을 낚으려다 도리어 내 심장을 내어주는 일은 없어야
할 것이다. 자만과 허영심, 이기심과 욕망 같은 그릇된 마음들이 모이
면 올바른 곳을 향할 수 없게 된다. 무엇이든 순리대로 이치에 맞게 진
행한다면 심장을 내주는 일은 없을 것이다.

　　밥그릇과 무덤은 닮았다
　　밥그릇을 엎으면 무덤이 되고
　　무덤을 뒤집으면 밥그릇이 된다

　　엎었다 뒤집다를 반복하는
　　우리들 생사의 리듬

　　밥그릇과 무덤을 합하면 원이다
　　둥글게 돌아간다

　　　　　　　　　　　　　　　── 김선태, 「밥그릇과 무덤」 전문

위의 시는 '밥그릇'을 '무덤'을 비유하고 있다. 실제 표면적으로 살펴보면 밥그릇의 형상과 무덤의 형상은 서로 닮아 있다. 이 시에서 중요한 것은 표면적 의미를 넘어 "밥그릇을 엎으면 무덤이 되고/ 무덤을 뒤집으면 밥그릇이 된다"는 내포적 의미이다. "엎었다 뒤집다를 반복하는/ 우리들 생사의 리듬"이 "밥그릇과 무덤을 합하면" 만들어지는 원처럼 "둥글게 돌아간다". 이는 삶과 죽음이 공존한다는 의미이다. 반원의 모양인 밥그릇에 밥을 담아 이를 먹으며 생을 유지하고, 생이 다하면 반원의 모양인 무덤에 들어간다. 밥그릇의 반원과 무덤의 반원이 만나면 둥근 원이 된다. 이 원은 마치 우리의 삶과 죽음이 끊임없이 돌고 도는 즉, 윤회의 의미를 보여주고 있다.

삶은 둥글게 돌아야 하는데 그렇지 못한 경우도 있다. 자연에 대한 인간의 태도가 그러하다. 인간의 과도한 욕망이 자연의 일부를 훼손하고, 그 악영향이 다시 인간에게 환원되고 있는 상황이다. 시인은 자연을 무분별하게 함부로 대하는 사람들에 대해 경각심도 일깨우고 있다. "바닷가에서 쓰레기를 줍는데/ 쓰레기들이 모여 외쳤다// 버린 자가 쓰레기라고/ 그 몸속으로 되돌아갈 거라고"(「쓰레기」)말이다.

인간(人間)에서 사람 인(人)이 떨어져 나가고

사이 간(間)만 남았다

자승자박이다

너희들만 살려고 하지 마라 우리도 살아야 한다

너희들이 변하지 않는 한 이 전쟁은

끝나도 끝난 게 아니다

결코

　　　　　　　　　　　— 김선태,「코로나」전문

　인간의 욕망이 자연을 훼손하였고 그 결과는 참담하였다. 그 참담함을 우리는 지난 몇 년간 몸소 겪고 있다. 아직도 현재 진행 중인 코로나19가 대표적인 사례라고 할 수 있다. 코로나19 역시 인간이 자연을 함부로 대한 결과이다. 코로나19로 인해 사람들의 생활은 집 밖이 아닌, 집 안에서 이루어졌다. 재택근무, 원격수업, 화상회의 등을 통해 일상이 진행되었다.

　현재 "인간(人間)에서 사람 인(人)이 떨어져 나가고/ 사이 간(間)만 남았다". 사람과 사람 사이에서 가장 중요한 것이 사람인데, 이 '사람'이 실종되고 '사이'만 남은 사태에 이르렀다. 이 '사이'는 결국 인간이 초래한 것이다. "자승자박"인 셈이다. 인간이 스스로 번뇌를 일으켰으니, 그 고통이 인간 스스로에게 향하는 것은 당연하다. 이러한 인간의 삶도 중요하지만, 자연도 "살아야 한다"는 시인의 논리는 결코 틀린 것이 아니다. 이제는 인간이 변해야 한다. 인간이 변한다면, 더 큰 재앙은 막을 수 있을 것이다. 하지만 인간이 "변하지 않는 한 이 전쟁은" "결코" "끝나도 끝난 게 아니다".

자연과 인간은 서로 공존하는 관계이다. 자연과 인간이 서로 조화를 이루며 안정적인 상태가 유지되는 것이 가장 이상적인 유토피아일 것이다. 자연을 잘 보전하여 자연으로부터 필요한 것들을 얻고, 여기에서 얻어진 수익을 다시 자연에 환원한다면 함께 나아갈 수 있다. "생각을 유연하게 구부"린다면 "구불구불해서/ 앞만 보며 내달릴 수 없"는 "자연의 길"(「해안선」)과 동행할 수 있을 것이다.

결국 "산다는 것은 함께 바스락거리는 것이다"(「낙엽들끼리」). "매미 울음소리로 내게 돌아와/ 귓속 깊숙이 세 들어 살며 자지러지게"(「이명」) 울고 있는 이명을 있는 그대로 받아들이고, "칠흑의 밤바다에서 건져 올린 농어가/ 바늘을 빼는 나를 빤히 쳐다"(「섬광」)보아 전율을 일으키기도 한다. 삶은 "동전 한 닢이 한순간 얼굴을 바꾸"(「임종」)는 순간이기도 하고, "다사로운 봄날 돌담 길을/ 늙은 할아버지와 어린 손자가 꼬옥 팔짱을 끼고/ 서로 뭐라 뭐라 주고받으며 아장아장 걸어"(「단짝」)가는 순간이기도 하다. "나무에서 한 번/ 땅바닥에서 한 번/ 그리고 기억 속에서 한 번"(「동백꽃」) 이렇게 세 번 꽃을 피우는 동백을 바라보는 것이기도 하고, "바닷속으로 늙은 해가 빠져 죽자마자/ 하늘에선 어린 별들이 새로 태어"(「저녁 무렵」)나는 순간을 바라보는 것이기도 하다.

「밤낚시」 연작시를 통해서는 시에 대한 시인의 메타포를 확인할 수 있다. "어떤 날은/ 마음의 심연을 헤엄쳐 다니는/ 시를 낚았"(「밤낚시 1」)고, "오늘은 밤새도록/ 달빛이 수면 위에 쓴 휘황한 문장만 읽"(「밤낚시

2」)는다. 물고기를 낚는 것이나, 수면 위에 길게 쓰여진 문장만 읽는 것이나 사실 별 다를 바가 없다. "낚시의 종국은 내가 나를 낚는 것"(「밤낚시 3」)이기 때문이다.

김선태 시인은 이번 시집 『짧다』를 통해 삶에 대한 현상을 짧지만 강렬하게 보여준다. 66편의 시를 통해 담백한 문장과 함께 삶을 바라보는 시인의 직관을 엿볼 수 있다. 난해한 단어와 군더더기 대신 현상을 통해 보여주는 짧고 굵직한 이미지에 시인의 깊은 내공이 담겨 있다. 짧으면서도 인생이 담겨 있고, 그 인생에서 일상의 잔잔함과 역동성을 모두 보여주는 시인의 면밀함을 시집을 통해 확인할 수 있다.

삶을 통찰하는 견고한 시선
― 이병연, 김상헌, 오충론

응시

    이병연 시인은 2016년 계간지 『시세계』로 등단하며 작품 활동을 시작하였다. 『바위를 낚다』는 『꽃이 보이는 날』(지혜, 2018), 『적막은 새로운 길을 낸다』(지혜, 2020) 이후 세 번째 시집이다. 『바위를 낚다』에서는 고요한 시선으로 사물을 응시하는 시인의 시선이 더욱 견고해짐을 확인할 수 있다. 이병연 시인은 인간이 살아가는 모습을 시 속에 담담하게 투영하여 조용히 위안을 건넨다.

> 낚싯대 하나 들고
> 제주 바다를 여러 날 거닐었다
> 수시로 입질이 왔다
>
> 질펀히 내려앉은 바위
> 이름 없이 산 것들 줄지어 낚는다
> 널뛰는 파도를 품었다 놓느라 울퉁불퉁한데

움푹 팬 가슴엔

햇살과 바람과 눈물이 머물러 있다

허공에 힘껏 줄을 던져

깎아지른 절벽을 낚는다

정을 쪼듯 내리치는 물살에 새겨진 문신

상처가 깊을수록

지느러미의 골이 빛난다

덜컥 입질이 왔다 이번엔 정말 크고 센 놈이다

머리를 하늘로 치켜올리고 기둥처럼 떼로 서 있는 놈

하늘이 같이 끌려 온다

낚싯대가 휘청인다

함께 쉽게 사는 법은 없어서

세로로 그어놓은 금이 햇살에 도드라진다

몸에 새겨진 저마다의 사연

바다에서 낚은 것을 바다로 돌려보내고

당신의 마음이 닿지 못하는 날

바위 낚시를 떠나야겠다

— 이병연, 「바위를 낚다」 전문

시인은 "낚싯대 하나 들고" 제주 어느 바다에 있다. 낚시는 인내의 시간을 필요로 한다. 낚싯대를 던져두고 물고기가 미끼를 물 때까지의 오랜 기다림과 미끼를 문 순간 낚싯대를 끌어올리는 기술이 적절히 안배되어야 한다. 물고기가 미끼를 물었는지 순간의 판단력과 낚싯대를 올릴 수 있는 능력이 조화를 이룰 때 손맛을 볼 수 있다. 큰 물고기이든 작은 물고기이든 낚싯대를 끌어 올렸을 때의 희열감은 말로 표현할 수 없을 것이다. 하지만 파도가 높고 바람이 많이 부는 날에는 낚시를 하지 않는 것이 좋다고 한다. 물고기가 미끼를 잡아채는 기회가 왔다고 해도 낚싯줄이 바람 따라 이리저리 흔들리기 때문에 물고기를 잡아 올릴 수 있는 기회가 드물기 때문이다. 이는 우리의 삶과도 연결된다. 인간의 삶은 변화가 많아 예측하기 어려운 경우가 많다. 그렇다고 하더라도 파도는 잠잠해지기 마련이고, 바람은 지나가기 마련이기에 때를 기다려야 할 것이다.

시인의 이러한 삶을 들여다보는 고요한 응시는 한 개인에게 국한되는 것이 아니라 우리 모두에게로 가 닿는다. "이름 없이 산 것들"을 품어내는 바다와 "널뛰는 파도를 품었다 놓느라 울퉁불퉁"해진 바다의 "움푹 팬 가슴엔/ 햇살과 바람과 눈물이" 머문다. 때로는 따뜻한 햇살이 찾아오고, 때로는 모진 바람도 지나가고, 또 때로는 눈물도 적시게 하

84

는 것이 우리의 삶이다. "함께 쉽게 사는 법은 없어서" 허공에 "세로로
그어놓은 금이 햇살에" 더욱 도드라져 보인다. "몸에 새겨진 저마다의
사연"이 있다는 것을 이미 알고 있는 시인은 바다에서 낚은 것은 다시
바다로 돌려보낸다. 그리고 "당신의 마음이 닿지 못하는 날/ 바위 낚시
를 떠나"겠노라고 다짐한다.

또한 시인의 응시는 삶을 들여다보는 견고한 시선으로 이어진다.
"살아남기 위해/ 거센 바람이 부는 방향으로 몸을 뉘면서/ 몸을 낮추고
있는 듯 없는 듯/ 세상 사는 일이/ 마음대로 되지 않는다는 것을 알아/
서로 어깨를 부여잡고/ 뿌리를 간절하게 내리며/ 휘어져도 질기게 일어
서"(「사구 식물」)는 사구 식물을 보며 삶을 읽어낸다. "언젠가 또 무거워
져 녹아내릴지라도" "길지 않은 생/ 서로 끌어안으면 꽃세상 아니겠느
냐고"(「눈꽃 여행」) 서로를 보듬어 위무하기도 한다.

　　　원수산에서 내려오는 길

　　　제멋대로 내지른 바위와 돌의 위험 신호

　　　몸이 좌우로 쏠려 긴장한 발아래

　　　들려오는 소리

　　　길이 험하구나. 조심해서 내려와.

　　　나는 지팡이가 있으니 걱정할 것 없다.

　　　구부정한 할머니가

　　　달팽이처럼 따라오는 아들에게 하는 소리

길이 보이지 않아도 길을 내며

몸이 닳도록 꼿꼿이 중심을 세우는 지팡이

한평생 아들의 지팡이였을 어머니

기우뚱거려도

끝까지 아들의 지팡이로 남고 싶은 마음

험한 바위와 돌길을 뚫고

산 아래 내려와 가쁜 숨 몰아쉬며

갈라진 논바닥 같은 손으로

다시 한번 힘껏 지팡이를 쥔다

— 이병연,「지팡이」전문

　시인은 산에 올랐다 내려오는 길 어느 모자를 만난다. 서로의 나이
가 지긋한 이들 모자의 대화가 시인의 발목을 붙잡았고, 시인은 이를
시의 언어로 풀어놓았다. 아들과 노모 사이에 "길이 험하구나", "조심
해서 내려와", "나는 지팡이가 있으니 걱정할 것 없다"라며 다정한 대화
가 오간다. "구부정한 할머니가/ 달팽이처럼 따라오는 아들에게" 전하
는 소리에 아들을 위한 노모의 극진한 마음을 확인할 수 있다.

　어머니는 "한평생 아들의 지팡이였"음에도 불구하고 "끝까지 아들
의 지팡이로 남고 싶"어 한다. 자식의 나이가 많든 적든 어머니에게 자

식은 물가에 내놓은 어린아이처럼 늘 보살펴주고 챙겨야 하는 존재이다. 이 시에서 보여지는 어머니 역시 그러하다. 지팡이가 없으면 산길을 내려오지 못할 정도로 나이가 많은 어머니이지만, 어머니 눈에는 본인이 걱정되는 것보다 "달팽이처럼 따라오는 아들"이 더 걱정이다. 어머니는 이런 아들을 위해 "길이 보이지 않아도 길을 내며" 자신의 "몸이 닳도록 꼿꼿이 중심을 세우며" 산길을 내려오고 있다. 자식을 위해 힘든 일도 마다하지 않았던 어머니의 손은 "갈라진 논바닥" 같다. 이 손으로 어머니는 자식을 위해 "다시 한번 힘껏 지팡이를" 쥐고 있다.

이와 같은 노모의 이야기 외에도 시집의 곳곳에서 가족과 이웃을 바라보는 시인의 시선을 확인할 수 있다. 「이름 석 자」에서는 공기청정기 서비스를 해주던 사람의 이름을 아버지의 이름으로 잘못 읽었던 사연을 풀어내고 있다. "인자한 미소만 가족의 밥상에 올린/ 아버지"(「아버지의 끈」)와 "휘어진 등으로 하루를 더듬으며/ 시래깃국으로 삭은 몸 달래던 할머니"(「고산 가는 길」)의 이야기도 담겨 있다. 무엇보다도 "시집 오기 전 오르간을 치며 어린 학생들과 노래를 부르던 어머니는 흰 나리꽃"(「용수철」)처럼 예뻤다고 회고하는 어머니와의 추억은 극진하다. "어린 새끼들 데리고 구불구불 먼 길 가느라/ 날기를 포기해 버린 어머니"(「그녀의 날개」)는 "줄행랑치는 나를 발이 닳도록 쫓아다"(「구멍 난 양말」)니셨다.

가족의 서사와 더불어 시인은 마주하는 일상도 놓치지 않는다. "단단하기로 소문난 나무껍질"에서 경전을 읽어내기도 하고, "장롱에 오

래 넣어둔 옷처럼/ 접혔던 꽃잎이 허공을 밀어내며 피어나"는 꽃의 말
(「꽃의 말」)을 전하기도 한다. 창문 틀에 갇힌 벌 한 마리(「틀 속의 벌」)
를 애잔한 시선으로 바라보기도 하고, "집 앞에 쌓여가는 우유"(「우유
안부」)로 노인의 안부를 묻기도 한다.

공존

　김상헌 시인은 2022년 『세종시마루』 신인상을 수상하며 작품 활동
을 시작하였다. 『늑대 울음』은 김상헌 시인의 첫 시집으로, 곳곳에 숨
겨놓은 아포리즘이 시의 깊이를 더하고 있다. "나는 누구인가/ 모진 삶
의 한 끝자락을 부여잡고/ 어떻게든 살아보겠다고 몸부림하는// 언뜻
익숙한 듯 다가왔다가/ 어느새 낯선 얼굴로 웃고 선/ 나라고 하는 너는
누구인가"(「의문의 죽음」)라고 스스로에 대해 끊임없이 자문하는 시인
은 이제 자신의 존재를 가감 없이 펼쳐 보인다. 표제작이기도 한 「늑대
울음」을 통해 시인의 존재를 확인할 수 있다.

　　산 위에 달이 뜨니 그가 몹시 보고 싶다

　　보고 싶다 생각하니 더더욱 보고 싶다

　　어떤 말로도 표현할 길이 없어 운다

늘대 울음을 운다

우 우 - 우 우

— 김상헌, 「늘대 울음」 전문

늘대는 시각과 청각, 후각 등 여러 감각 기관을 통해 무리 간에 의사
소통을 한다. 3초에서 길게는 11초가량 길게 울부짖는 소리를 통해 약
11km 정도 떨어져 있는 무리들과도 의사소통을 한다고 한다. 이처럼
늘대들은 울부짖는 소리를 통해 가족과 무리들에게 자신의 위치를 알
리기도 하고 위급한 상황을 전달하기도 하며, 서로의 울부짖는 소리를
듣고 집으로 돌아올 수 있는 방향을 가늠하기도 한다. 시인은 늘대의
이러한 울음소리를 자신의 삶에 빗대어 바라보고 있다. 그동안 단절하
고 지냈던 시의 영역으로 들어온 시인은 '우 우 - 우 우' 울음소리를 통해
자신의 존재를 확인하고 있다. 혼신의 힘을 다해 삶의 영역을 살아냈
던 시인은 이제 시의 영역으로 귀착하여 그동안 묵혀왔던 자신의 이야
기를 담백하게 들려준다.

기어코 맞고 틀림을 가리려 하지 마라
기를 쓰고 옳고 그름을 구별하려 하지 마라
굳이 행복을 찾으려 애쓰지 마라

끝까지 삶의 의미를 찾으려 하지 마라

삶은 그냥 그렇게 여여하고

있는 그대로가 이미 완전한 것

지금 앞에 벌어지고 있는 그것이 전부인 것

비가 오면 비 오는 대로

바람 불면 바람 부는 대로

산이 그렇게 서 있듯

물이 그렇게 서 있듯

왜 사냐고 물으면 그냥 웃을 뿐

— 김상헌, 「삶」 전문

　　어떠한 상황에 부딪힐 때 사람은 시시비비를 가리려고 한다. 예를 들어, 불의를 보지 못하였을 때, 억울한 일을 겪었을 때, 실수를 했을 때, 사건사고가 발생하였을 때 등등 서로의 잘잘못을 가리기에 급급하다. 사람들은 나의 잘못이 아니라, 누군가의 책임이라고 서로 책임을 전가하려고 한다. 하지만 시인은 "기어코 맞고 틀림을", "기를 쓰고 옳고 그름을 구별하려 하지" 말라고 한다. "굳이 행복을 찾으려 애쓰지" 말고 "끝까지 삶의 의미를 찾으려 하지"도 말라고 한다. 옳은 것이 꼭 영원히 옳고, 틀리다고 한 것이 꼭 끝까지 틀린 것은 아닐 수도 있기 때문이다. "삶은 그냥 그렇게 여여하고/ 있는 그대로가 이미 완전한 것"이다.

"지금 앞에 벌어지고 있는 그것이 전부인 것"이다.

"비가 오면 비 오는 대로/ 바람 불면 바람 부는 대로" 그렇게 삶은 이어진다. 고난과 시련이 찾아오더라도 "산이 그렇게 서 있듯/ 물이 그렇게 서 있듯" 지나고 나면 훗날 '과거에 이런 일이 있었지'라고 되새길 수 있는 날이 올 것이다. 그러니 비가 오면 비가 오는 대로 비를 맞으며 즐기고, 바람이 불면 바람이 부는 대로 바람과 함께 또 다른 즐거움을 찾으면 된다. 나에게만 찾아오는 시련과 불행이라 생각하지 말고, 열린 마음으로 지금의 상황을 받아들이는 마음가짐이 중요할 것이다. 그렇게 된다면 삶의 의미를 끝까지 찾으려 하지 않아도 있는 그대로의 자신을 받아들이며 충분히 삶을 즐길 수 있을 것이다.

너희는 몰랐을 것이다. 한 종이 다른 종을 범한다는 것의
엄중함과 무서움을, 너희는 미처 생각하지 못했을 것이다.

(……)

수천수만 년 말없이 제자리를 지켜선 채
녹색 산소를 뿜어낸 죄밖에 없는 숲과 나무들까지
너희들 욕망으로 베어내고 불 지를 때
쓰러지고 휘날리며 처연하게 뱉어내는 소리 없는 아우성을
너희는 정녕 모르는 것이리라.

잘난 인간들아, 우리는 겨우 너희 몸만을 범했을 뿐이다.
너희를 전기로 지지지도, 도끼로 자르지도,
날 선 칼로 찌르지도, 뜨거운 불로 태우지도 않았노라.
한 번쯤은 생각해보라고, 이 세상 한 모퉁이에서 말 못 하며
오직 살기 위해 살고 있는 우리도 살펴봐달라고
다만 이렇게 몸으로 항변해보는 것이다.

아름다운 행성 이 지구에서 함께 살아가는 방법을
조금만, 아주 조금만이라도 제발 생각해달라는 것이다.
　　　　　　　　　　　　　　　─ 김상헌,「코비드가 인간에게」부분

　지난 2019년 11월 발생하였던 코로나 19는 전 세계를 대혼란 속에
몰아넣었다. 감기처럼 쉽게 전염되었고, 코로나 19 바이러스의 감염으
로 인해 사망에 이르기도 하였다. 대면을 하지 못하는 상황에서 비대
면 사회로 일상 생활에서도 많은 변화가 일어났다. 2023년 5월 코로나
19의 국제적 공중 보건 비상사태가 해제되었지만, 여전히 그 여파는 진
행 중이다.
　시인은 이러한 상황의 원인을 인간에게서 찾고 있다. 코로나 19는
사실상 기후변화에서 비롯되었다는 연구 결과도 있다. 지난 100년간
아시아 지역 식생이 기후변화로 인하여 바이러스를 품은 박쥐가 살기

좋은 환경으로 바뀌었고, 이러한 야생동물을 포획하여 거래하는 사람들이 늘어나면서 사람을 감염시키는 바이러스로 변화하였다. "한 종이 다른 종을 범한다는 것의/ 엄중함과 무서움을" 인간은 미처 생각하지 못하였던 것이다.

말없이 "녹색 산소를 뿜어낸 죄밖에 없는 숲과 나무들"을 그동안 인간의 편리를 위한 "욕망으로 베어내고 불" 질렀다. 인간은 이때 들려오는 "소리 없는 아우성을" 그동안 모른 척하였다. 이제야 인간은 그 대가를 치르고 있는 것이다. 바이러스는 겨우 우리의 "몸만을 범했을 뿐이다". "전기로 지지지도, 도끼로 자르지도/ 날 선 칼로 찌르지도, 뜨거운 불로 태우지도 않았"다. 이에 분노한 자연과 동식물들은 이제는 역으로 "한 번쯤은 생각해보라고, 이 세상 한 모퉁이에서 말 못 하며/ 오직 살기 위해 살고 있는 우리도 살펴봐달라고/ 다만 이렇게 몸으로 항변" 하고 있다. "아름다운 행성 이 지구에서 함께 살아가는 방법을/ 조금만, 아주 조금만이라도" 생각한다면 서로가 조화를 이루며 안전한 삶을 영위할 수 있을 것이다. 결국 인간의 욕망이 만든 올가미에 인간이 걸려 빠져나가기 어려운 형국인 된 셈이다.

이러한 상황은 「말레이시아 개발지 오랑우탄」에서도 이어진다. 「말레이시아 개발지 오랑우탄」은 어미를 잃고 생계형 도둑질로 연명해 나가는 새끼 오랑우탄에 대해 이야기하고 있다. "본래 살고 있던 이쪽 숲에는 석탄회사가 들어오면서부터/ 더 이상 먹을 것이 없어져 버렸"다. "길 건너 사람들 마을/ 파파야 농장에 가야 겨우 한 끼를 해결할 수 있"

는 "목숨 걸고 감행하는 생계형 도둑질"이 되어 버렸다. "어미는 얼마 전 길을 건넜다가 농장 쪽에서/ 총소리가 들리고 나서부터 돌아오질 않았"다. "어미를 잃은 새끼오랑우탄은 이쪽 숲과 저쪽 숲을 가르는/ 십육 미터 폭 도로를" 사이에 두고 "오도 가도 못하"고 있다. 이러한 무분별한 개발로 인해 동물들도 피해를 보지만, 이는 곧 자연재해로도 이어진다. 「비단강 울음」에서는 "백 년만의 기록적인 집중호우"로 "어제까지만 해도 그저 큰 개울 같아 보이던 비단강이/ 밤새 거친 흙탕물로 모습을 바꾸어/ 누렇게 흘러"가고 있다. "세상의 대소사를 잠시 제쳐두고서" "이해득실을 잠시 미뤄두고서,/ 마음으로 전하는 비단강 눈물 속 이야기를" 듣는다면 인간과 자연이 서로 공존할 수 있을 것이다.

평화

오충 시인은 『한맥문학』으로 2015년 수필, 2018년 시로 등단하며 작품 활동을 시작하였다. 『우크라이나 어머니의 눈물』은 『물에서 건진 태양』(천년의 시작, 2021) 이후 두 번째 시집이다. 오충 시인은 첫 번째 시집에서도 사회 문제에 대해 끊임없이 천착하였다. 시인의 두 번째 시집인 『우크라이나 어머니의 눈물』에서는 사회 현상을 바라보는 시선이 더욱 웅숭깊어졌음을 확인할 수 있다.

예상치 못하게 들려오는 폭발음

그 소리에

일상은 순식간에 사라지고

누군가는 가족을 잃었고

누군가는 행복을 잃었고

누군가는 죽이고

누군가는 죽임을 당하고

서로 모르는 그들

왜 죽어야 하는지 이유도 모른 채

방아쇠에 손가락을 걸고

자신을 지키려 한다

펑 하는 폭발음과 함께

흔적도 없는 몸통은 고사하고

혼자 가야 할 먼 길을

손이라도 잡아 보내고 싶어

날아가 버린 팔뚝 찾아

무너져 내린 건물 틈을 헤매는

울 힘조차 없는 어머니.

— 오충, 「우크라이나 어머니의 눈물」 전문

러시아와 우크라이나의 전쟁이 지속되는 동안 무고한 민간인들이 처참하게 죽음을 맞이하였다. 많은 군인 역시 전사하거나 부상을 당하였고, 실종되거나 포로로 끌려가기도 하였다. 부모와 자식 간에 혹은 사랑하는 연인 사이에 안타까운 이별을 해야만 하는 안타까운 경우도 비일비재하다. 맑은 하늘 위로 미사일이 날아다니고, 시시때때로 울리는 공습경보는 삶에 공포를 불러온다. 물론 이는 한 국가에만 국한되는 문제가 아니다. 국제적으로 난민들이 발생하였고, 전 세계적으로 물가가 폭등하였으며 식량과 에너지 문제도 위기에 직면하게 되었다. 시인은 이러한 국제적인 위기 상황을 그대로 간과하지 않았다. 그리고 그 내면에 감추어진 말로 다 표현할 수 없는 무고한 민간인들의 억울한 죽음과 정신적·물질적 피해 상황을 비통한 심정으로 한 글자 한 글자 표현해내고 있다.

여기 전투로 인해 자식을 잃은 어머니가 있다. 치열한 전투 후 남겨진 것은 "펑 하는 폭발음과 함께" 자식의 몸통이 흔적도 없이 사라졌다는 차마 인정할 수 없는 사실이다. 자식이 "혼자 가야 할 먼 길을" 어머니는 차마 보낼 수 없다. 그 심정은 어떠한 표현으로도 대체할 수 없다. 어머니는 혼자 가는 자식의 "손이라도 잡아 보내고 싶어" "날아가 버린 팔뚝 찾아/ 무너져 내린 건물 틈을 헤매"고 있다. "예상치 못하게 들려오는 폭발음"에 그동안 지내왔던 일상이 순식간에 사라졌다. "누군가는 가족을 잃었고/ 누군가는 행복을 잃었"다. "누군가는 죽이고" 또 "누군가는 죽임을 당하"는 있을 수 없는, 있어서는 안 되는 상황이다. 더욱 안타까운 점은 "왜 죽어야 하는지 이유도 모른 채/ 방아쇠에 손가락을 걸고/ 자신을 지키려 한다"는 것이다.

세상의 슬픔 중 가장 큰 슬픔이 바로 자식이 죽은 슬픔이라고 한다. 그래서 자식의 죽음을 '참척(慘慽)'이라고 한다. 창자가 끊어지는 정도의 슬픔보다 더한 슬픔이라는 뜻이다. 그런 자식이 폭발음과 함께 흔적도 없이 사라졌으니 어찌 비통하지 않겠는가. 어머니의 심정은 이미 무너져 내려 더 이상 "울 힘조차" 없다. 태어난 순서대로 죽는다면 공평하겠지만, 죽음 앞에는 순서가 없다. 더욱이 전쟁 중의 죽음은 예고도 없고, 한 치 앞도 내다볼 수 없다.

전쟁에 대한 비통한 심정은 다음의 시에서도 확인할 수 있다.

하늘에 까만 별들 쌓이더니

섬광이 번쩍, 불기둥이 치솟고

우뚝 솟은 건물들 주저앉아 버리네

아름다운 도시도 자태를 잃어버렸네

고향을 떠나 터덜터덜

몇 번이나 돌아보고 또 뒤돌아보지만

언제 다시 올 수는 있으려나

처절한 발걸음들

인간의 무모한 욕심은

세상을 어둠의 공포 속으로 몰고

비참한 생존의 갈림길에 서게 하네

갈기갈기 찢어지는 일상들

신이시여, 다시는

인간이 인간을 죽이지 못하도록

불꽃보다 진한 사랑으로

우리를 구원하소서.

— 오충, 「전쟁」 전문

삶은 예측할 수 없는 일들이 일어나기 마련이지만, 예측할 수 없는 일들이 일부가 전쟁이 되어서는 안 될 것이다. 전쟁은 인간의 삶을 피폐하게 만드는 대재앙이다. 어떠한 경우에라도 무력을 행사하여 이익을 취하려는 행위는 정당화될 수 없다. 분쟁과 다툼 없이 서로 한 걸음씩 양보하여 우호적인 관계를 유지해야 할 것이다. 이는 인류가 추구해야 하는 최고의 가치이기도 하다. 하지만 서로의 이권을 위해 세계 곳곳에서는 여전히 전쟁이 진행 중이다. 러시아의 우크라이나 침공과 이스라엘과 하마스의 전쟁같이 아직 끝나지 않은 전쟁이 곳곳에 산재해 있다.

"섬광이 번쩍, 불기둥이 치솟고/ 우뚝 솟은 건물들 주저앉아 버리"는 것은 순식간이다. 폭격으로 인해 그 "아름다운 도시도 자태를 잃어버렸"다. 폐허가 된 고향을 터덜터덜 떠나면서 "몇 번이나 돌아보고 또 뒤 돌아보지만/ 언제 다시 올 수는 있"을지 기약할 수 없다. 발걸음들이 처절하다. 이 "처절한 발걸음들"이 향해야 하는 곳은 불기둥이 치솟는 곳이 아니라 평화가 존재하는 곳이어야 마땅할 것이다. 인간의 끝없는 무모한 욕심이 결국 "세상을 어둠의 공포 속으로 몰고/ 비참한 생존의 갈림길에 서게 하"였다. "갈기갈기 찢어지는 일상" 앞에서 인간이 혹은 시인이 할 수 있는 것은 무엇일까. 시인은 신에게 기도한다. "다시는/ 인간이 인간을 죽이지 못하도록/ 불꽃보다 진한 사랑으로/ 우리를 구원"해 달라고 말이다.

전쟁은 사회구조적으로 상실과 트라우마, 죽음과 공포를 경험하게 한다. 전쟁에서 승리한다고 하더라도 이는 진정한 승리가 될 수 없다. 서로를 공격하였던 그 잔해들이 결국은 서로가 서로를 가해자와 피해자로 만들 뿐이다. 어린 자녀의 피난길, 피난길에 오르지 못한 늙은 노모, 생업을 포기하고 전쟁터로 향하는 청년들, 전쟁터로 향한 가족이 무사히 돌아오기를 애타게 기다리는 가족들. 이웃과 공동체적 삶을 생각하지 않은 전쟁은 이기주의적 발상일 뿐이다. 이에 이들의 안전을 위해 그리고 세계의 평화를 위해 시인은 마음을 모아 신에게 기도한다. 인간이 인간을 죽이지 못하도록, 우리를 구원해 달라고 말이다.

삶은 "먹고 먹히는 숨 가쁜, 싸움/ 너를 죽여야 내가"(「오징어 게임」) 살 수 있다. 그럼에도 불구하고 인류가 번성하여 살아가고 있는 것은 숨 가쁜 상황 속에서도 서로를 배려하여 함께 하고자 하는 마음이 있기 때문이다. 시인은 이러한 배려를 통해 모두가 평화롭게 하나가 되는 삶에 대한 희망을 보여주고자 한다. 이 희망 안에는 시인이 사물을 바라보는 연민의 시선이 담겨 있다. 이에는 "상쾌하게 쏟아지는 빗방울 소리에/ 심기일전, 목욕 길 나"섰다가 "한 걸음 한 걸음/ 다시 오체투지, 집으로 돌아가지만/ 태양이 떠오르는 속도 이겨낼 수 없"(「지렁이의 외출」)어 장렬한 죽음을 맞이해야 했던 지렁이도 있고, 남편을 먼저 떠나보내고 "늘 누군가를 기다리는 해바라기처럼" "마당가 그 자리, 의자에 앉아"(「해바라기 노인」) 몸을 말리는 노인도 있다. 두꺼운 박스를 가져가는 것에도 서열 다툼이 있고, "쓰디쓴 술 한잔 마시는 것도/ 단내 나는 이곳의 짬밥"이 있는 곳, "굴러들어온 돌이 박힌 돌 뺄까 봐 잠 설"치는(「노숙자」) 노숙자의 삶 또한 포함된다. 굳이 말로 표현하지 않아도 함께 하고자 하는 "진실은 항상 그렇게 숨어서 맴돌고"(「어린 낙타」) 있는 것이다.

마지막으로 가도 가도 끝이 없는 길, 그것이 인생길이라는 시인의 시 한 편을 소개하며 이 글을 마친다.

길은 길이되
걸을 수가 없었다

아니 모두가 길이라 했다
가도 가도 끝이 없었다

어쩌면

그게 인생일지도 모른다.

— 오충, 「길이라 믿었다」 전문

상생하는 마음
— 연용흠, 김석호, 김정옥

날카로운 시대 정신과 생태 의식

연용흠 시인은 소설가로 잘 알려져 있다. 1983년 중앙일보 신춘문
예에 단편소설 「허상의 뼈」로 등단하여 소설가로도 활동하고 있다.
『뿔에 관한 소고』는 『소금밭에서 배꽃 보다』 이후 두 번째 시집이다.
『뿔에 관한 소고』에서는 부조리한 시대를 향한 시인의 날카로운 시선
과 생태 의식을 엿볼 수 있다.

> 목숨 건 대항이 어렵다는 것을
> 너의 거친 숨소리로 알겠다
> 초원 어딘가 숨어 있는 송곳니를 피해
> 무소들은 빛없는 밤을 건넌다
> 뿔은 아무리 포장한다 해도 뾰족하여
> 적의 심장을 꿰뚫을 수 있는 것
> 두려움이 달려들 때
> 이를 악물고 바닥에 뉘인 창을 세워들 수 있다면

무리에서 떨어지지 않는다면

부당한 공양(供養)은 끝난 일인데

창을 쓸 줄 모르면 무장하지 않은 것이다

연약한 달팽이도 뿔이 있으니

그가 초록의 이파리를 기던 때처럼

뿔이란 애초 무엇을 들이받기 위한 게 아니고

더듬더듬 눈앞 장애물을 탐지하거나

구애하기 위한 것인지 모르겠다

생명을 헌납하고 구멍이 숭숭 뚫린 백골인 채

허공에 반쯤 내민 뿔의 위엄을 본다

살아서 저 뿔이 단 한 번이라도

달려드는 송곳니를 들이받은 적 있었을까

— 연용흠, 「뿔에 관한 소고(小考)」 전문

포유류의 코뿔솟과에 속하는 무소는 아프리카와 인도네시아에 주로 서식하는 것으로 알려져 있다. 아프리카에 사는 무소는 뿔이 두 개이고, 인도에 사는 무소는 뿔이 하나라고 한다. 흰코뿔소 이외는 무리를 짓지 않고 단독으로 생활하며, 주로 밤에 활동하고 낮에는 휴식을 취한다. 초원의 풀을 주식으로 하고, 큰 몸과 뿔을 무기로 갖추고 있다. 이 시에서는 이러한 무소를 시적 대상으로 설정하여 불의에 맞서지 못하고 관망하는 자세에 대해 말하고 있다.

하나뿐인 목숨을 걸어야 하는 대항은 물리적으로든 심리적으로든 어려운 일이다. 그럼에도 불구하고 세상에는 목숨을 걸고 사는 사람들이 많다. 목숨을 건 사투는 어느 쪽이든 상처가 나기 마련이다. 무소들은 "초원 어딘가 숨어 있는 송곳니를 피해" "빛없는 밤을 건넌다". 언제 자신을 향해 달려들지 모르는 날카로운 송곳니를 피해가고자 하는 것이다. "뿔은 아무리 포장한다 해도 뾰족하여/ 적의 심장을 꿰뚫을 수 있"는 날카로운 존재이기 때문이다.

"두려움이 달려들 때" "바닥에 뉘인 창을 세워들 수 있"거나 "무리에서 떨어지지 않는다면/ 부당한 공양은" 하지 않아도 될 것이다. "창을 쓸 줄 모르면 무장하지 않은" 것이나 마찬가지이다. "연약한 달팽이도 뿔이 있"다. 그렇다면 "뿔이란 애초 무엇을 들이받기 위한 게 아니고/ 더듬더듬 눈앞 장애물을 탐지하거나/ 구애하기 위한 것"이 된다. "생명을 헌납하고 구멍이 숭숭 뚫린 백골인 채/ 허공에 반쯤 내민 뿔의 위엄"은 애초부터 존재하지 않았다.

"살아서 저 뿔이 단 한번이라도/ 달려드는 송곳니를 들이받은 적 있었을까". 날카로운 송곳니의 두려움에 맞서 저항해본 적이 얼마나 있었던가. 때로는 잘못된 일이라는 것을 알면서도 소신껏 자신의 신념을 밝히지 못한 경우도 있다. 이 시에는 이처럼 당당하게 불의에 맞서지 못하였던 지난 시간을 되돌아보고 이를 반성하고자 하는 마음이 내포되어 있다.

이러한 저항과 반성의 마음은 「목판화(木版畵)」에도 담겨 있다. 시인은 "약한 자여/ 그대는 무리로 일어서서/ 뿔로 저항해야 하느니/ 부릅 뜬 눈과 팔다리의 핏줄이 무색하게/ 이념의 굴곡을/ 매번 넘어서야 할" 것이라고 일갈한다.

바다는 즐거운 식탁

방금 낚시로 건져 올린 생선을

땅바닥에 내려놓고 보니

이상스레 몸이 훼손되어 있다

갈치에 등을 물린 학공치도 안쓰럽지만

잡히는 족족 얼룩무늬 감성돔의

꼬리가 휘었거나 등이 푹 파이고

한쪽 지느러미는 아예 없다

삼치 같은 포식자가 한 짓이면

마음 쓸 일 아닌데

사람이 휘정거려 놓은 짓이니 가슴 아프다

비닐 먹고 죽은 거북

새까만 기름을 뒤집어쓴 가마우지

플라스틱 수프 속을 떠도는 플랑크톤

바다가 울고 있다

덩치가 클수록 수은이나

방사능에 잔뜩 오염된 물고기들

갈 곳 없어 배회하고 있다

해초도 먹기가 두려운 세상

바다 잃은 우리는 바보

— 연용흠, 「바보 고기」 전문

  거북이는 플라스틱을 먹고, 돌고래는 낚싯줄에 걸리는 등 해양 생태
계의 파괴 문제가 최근 들어 자주 신문 기사에 보도되고 있다. 보존되
어야 할 바다 자원이 밀려드는 쓰레기로 몸살을 앓고 있고, 푸른바다
거북이는 멸종위기에 놓였다. 쓰레기 사이를 헤엄치다 플라스틱이나
비닐을 먹이로 착각해 삼켰다가 죽을 위기에 놓여 구조되었다는 해양
동물들의 이야기. 다행히 치료를 마치고 바다로 되돌려보내지만 언제
다시 쓰레기로 인해 목숨을 위협받을지 모른다.

  바다가 "즐거운 식탁"이라는 말은 과거의 말이다. 낚시로 잡은 물고
기를 식탁 위에 올리는 즐거운 한때는 이미 과거의 이야기이다. "잡히
는 족족 얼룩무늬 감성돔의/ 꼬리가 휘었거나 등이 푹 파이고" 심지어
는 "한쪽 지느러미는 아예 없다". 더 난감한 상황은 이 모든 것들이 "사
람이 휘정거려 놓은 짓"이라는 것이다.

  사람으로 인해 바다가 울고 있다. "비닐 먹고 죽은 거북/ 새까만 기름
을 뒤집어쓴 가마우지/ 플라스틱 수프 속을 떠도는 플랑크톤" 등 피해
규모가 상당하다. 먹이사슬로 인해 덩치가 클수록 누적된 수은이나 방
사능의 양이 더욱 클 수밖에 없다. 사람이 한 짓으로 인해 바다를 잃어

버리게 된 우리는 결국 '바보'이다.

　인간의 과도한 욕망은 결국 인간의 삶을 더욱 피폐하게 하고 있다. 이에 대해 "살고 싶어 파닥이는 생명의 모든 저항 앞에서/ 나는 너무나 무뢰했다/ 미안하다"(「소심한 킬러」)고 시인은 자책한다. 자연 생태계에 대한 언급은 「무정부주의자의 하루」 계속 이어진다. "짓지 말라는 운하 만들려고" 강을 후벼 판 결과 반딧불이는 언제 복구될지도 모르는 "물가 둔덕 위로 남은 역광을 차고 올라와" 있다. 자연스럽게 흘러야 하는 물길을 바꾸어놓았으니 생태계가 불균형을 이루는 것은 당연한 이치이다. "썩은 물고기 맛을 즐기는 소금장수의 욕망"이 결국은 다시 인간에게 피해가 되어 되돌아오고 있는 상황이다.

　시인은 사람 사이의 관계에 대해서도 성찰한다. 「성간(星間) 거리」에서는 사람 사이의 관계를 성간 거리 즉 별과 별 사이의 공간에 비유하여 보여준다. "멀다가도 가깝고 가깝다가도 멀어지는 사람들" 사이의 관계는 쉽게 단정 지어 말할 수 없다. 사람들 사이의 관계는 "필연은 애매하고 우연이 가능한지 전혀 알 길 없"다. "좁혀지면 위험하고 멀어지면 끔찍하게 공허할 수많은 별들"은 결국 인간을 지칭한다. "엄청난 중력(重力)의 당신과 그곳을 맴도는 나의/ 성간 거리는 진실로 얼마나 될까" 의문이 들지만, 그럼에도 불구하고 서로의 관계를 배려하며 살아야 하는 것이 인간이다.

　연용흠 시인은 자연 생태에 대한 염려와 생명에 대한 깊은 관심을 나타내고 있다. 뿐만 아니라 사회에 대한 저항 정신도 엿볼 수 있다. 거

대한 권력과 욕망 앞에 부끄러움 없는 삶을 살고자 하는 강건한 모습을 엿볼 수 있다.

베푸는 삶과 아이들의 순수한 마음

김석호 시인은 1999년《교단문학》으로 등단하였다. 초등학교 교장 선생님으로 퇴직을 한 시인은 교단에 있을 때부터 동시를 썼다. 『수정별 세상에서』는 『엄마가 제일 예뻐야 해』 이후 두 번째 동시집이다. 동시집 외에도 시집 『바람꽃 피는 초원』, 『나무새의 날개』, 『별에게 쓴 편지』가 있다.

모두 가수가 되고 싶어 안달이 났어요
최고 멋진 하늘 노래 배우러 와요
각양각색 천상의 목소리
맵시 있는 유명한 일류가수
새들이 가르쳐 줍니다

모두 춤 잘 추고 싶어 몸부림치지요
최고 멋진 하늘 춤 배우러 와요
팔랑팔랑 각양각색 최고 일류의 율동
진짜 춤을 나뭇잎이 가르쳐 줍니다

항상 노래와 춤의 향연이 펼쳐지는

숲속 학교에 모두 와서 열심히 배우세요

— 김석호, 「숲속 학교」 전문

숲속 학교는 어떤 학교일까. 가만히 눈을 감고 생각해보라. 시원한 바람이 불고, 멀리 파란 하늘이 내려다보고 있을 것이다. 이런 곳에서라면 아무런 다툼도 소란도 없을 것이다. 숲속 학교에서는 새들이 노래를 가르쳐 주고, 나뭇잎이 춤을 가르쳐 준다.

"가수가 되고 싶어 안달이" 난 사람들이 "최고 멋진 하늘 노래 배우러" 숲속에 온다. 노래를 가르치는 것은 사람이 아니라 "각양각색 천상의 목소리"를 가지고 있는 "맵시 있는 유명한 일류가수/ 새들"이다. 또 "춤을 잘 추고 싶어 몸부림 치"는 사람들도 "최고 멋진 하늘 춤 배우러" 숲속에 온다. 춤을 가르치는 것은 "팔랑팔랑 각양각색 최고 일류의 율동/ 진짜 춤"을 가르쳐 주는 나뭇잎이다. 때문에 이곳 숲속 학교에서는 "항상 노래와 춤의 향연이 펼쳐"진다.

학교라고 하면 일정한 정규교육과정 안에서 정해진 시간에 정해진 교과목을 이수하여야 하는 곳이라는 생각이 먼저 든다. 하지만 이곳 숲속 학교는 정해진 커리큘럼으로 움직이는 것이 아니라 자연이 가르치고, 자연에게 배우는 곳이다. 사실 세상의 모든 섭리는 자연으로부터 온다고 해도 과언이 아니다. 자연에 대한 이야기는 다음의 시에서도 이어진다.

숲속은 아무 생각 없이 걸어도 좋지만

가만히 조심히 살필 것 있어요

저기 죽은 나무 보세요

딱따구리 보금자리가 있지요

가만히 들여다봐요

따스한 알 다섯 개 있어요

여기 죽은 나무엔 송이버섯이 있지요

간밤에 내린 비 맞고 토실토실 더 크게 자랐어요

살았을 때는 푸른 잎 팔랑이며

꽃과 열매로 남에게 베풀고

죽어서도 남에게 봉사하는 나무

눈물겹게 참 아름다워요

밝은 아침 해가 숲속에서

왜 유난히 미소 짓는지 조금 알 것 같아요

― 김석호, 「죽어서도 베푸는 나무」 전문

숲속에 들어가면 주위를 가만히 살피며 걸어야 한다. 아무것도 생각하지 않고 숲속을 걸어도 좋지만, 가만가만 조심히 살펴야 할 것들이 있다. 숲속에서는 발밑에도 생명들이 자라나고 있기 때문이다. 자칫 한눈을 팔면 이제 갓 싹을 틔우는 생명을 놓치고 짓밟을 수 있으니 주의가 필요하다.

시 속의 숲속에서도 마찬가지이다. 죽은 나무에 "딱따구리 보금자리"가 있고, 딱따구리 보금자리에는 "따스한 알 다섯 개"가 있다. 나무는 죽어 생명을 다하였지만, 그 자리에 누군가 따뜻한 새 보금자리를 만들었다. 그리고 생명이 다한 그 자리에, 또 다른 생명이 한 개도 아니고 다섯 개씩이나 자라나고 있다. 여기에 "간밤에 내린 비 맞고 토실토실" "송이버섯"도 자라고 있다.

나무는 살아있을 때도 "푸른 잎 팔랑이며 / 꽃과 열매로 남에게 베풀고", "죽어서도 남에게 봉사"한다. 즉 나무는 살아서도 죽어서도 베푸는 삶을 산다. 베푸는 삶은 인간이 본받아야 하는 삶이기도 하다. 어려운 이에게 마음을 베풀고, 칭찬과 위로와 격려의 말을 베풀며, 서로 공감하며 상황을 나눈다면 다툼 없는 사회가 될 것이다. 시인은 숲속에서 "눈물겹게 참 아름다"운 이러한 베풂의 현장을 발견한다. 그리고 그 장면을 놓치지 않고 시의 언어로 형상화하여 보여주고 있다.

과거에 조상들은 뜨거운 물도 마당에 함부로 버리지 않았다고 한다. 뜨거운 물을 마당에 그대로 쏟아버릴 경우, 마당에 있는 미물들이 목숨을 잃을 수도 있기 때문에 물이 식기를 기다렸다가 버렸다고 한다. 조상들은 그만큼 자연과 함께하고, 서로 베풀며 살고자 하는 삶을 살았다.

이와 같이 자연과 함께하고자 하는 선한 마음과 서로 나누는 베푸는 마음이 김석호 시인의 시집 곳곳에 담겨 있다. 나비처럼 "하늘 높이 나는 꿈/ 가슴 가득 간직하"고, "맛있는 것일수록/ 서로 나눠 먹으"며, "다 함께 행복하게"(「나비의 꿈」) 잘 사는 나누며 베푸는 삶을 살아야 한다고 말하기도 한다.

이 외에도 「꽃병탈출」과 「말순이 학교」 등에서 순수한 어린이의 마음도 읽을 수 있다. 「꽃병탈출」은 말괄량이 다혜의 이야기이다. 다혜는 거실 창가 꽃병에 꽂혀 있는 화사한 꽃을 "쏙 뽑아 단숨에 앞 개울로 달려"간다. "엄마가 매일 사랑하는 꽃"을 다혜가 생각하는 "가장 살기 좋은 곳"인 개울에 놓아주며 아마도 엄마가 "마음 예쁜 딸이라고/ 칭찬"할 것이라고 스스로 기특해한다. "졸졸졸 여행하면서/ 밤마다 별과 달과 친하게 지내라"는 말까지 덧붙인다. 아마도 다혜와 같은 이러한 마음이 때 묻지 않은 맑고 투명한 어린이의 마음일 것이다.

「말순이 학교」는 "맹랑하고 엉뚱한/ 2학년 5반 말순이" 이야기이다. 말순이는 엄마 매니큐어를 학교에 몰래 가지고 가서 친구들을 화장실 구석에 모아놓고 손톱이 아닌 "입술을 빨갛게 칠하여" "한바탕 대박 뉴스 퍼지는" 사건을 만들었다. "참새들도 몰려와/ 짹짹짹 소란을 피웠"

던 사건이다.

「낙엽침대」에서는 낙엽을 명품 침대에 비유하여 재미있게 형상화하고 있다. 휴가차 간 설악산 "시원한 숲속에서/ 가장 아늑한 휴식을" 맛본다. "명품 침대"인 "바삭바삭 낙엽" 위에 누우니 세상 부러울 것이 없다. 여기에 "시원한 푸른 바람"과 "폭신폭신한 담요와 이불/ 매미의 자장가"까지 있으니 가장 편안한 휴가이다.

김석호 시인은 동시집을 통해 어린이뿐만 아니라 어른들에게도 조곤조곤 속삭인다. 늘 베푸는 자연에 대한 경이로움과 함께 어린이들의 때 묻지 않은 순수함을 보여주고자 하였다. 시인의 이러한 마음이 생동감 있는 시어로 형상화되어 아이들과 이 시집을 읽는 어른들의 정서를 풍부하게 하고 있다.

생명에 대한 탐구와 가족애

김정옥 시인은 2021년 《시사사》로 등단하여 작품활동을 시작하였다. 『풀잎』은 첫 번째 시집으로 시인의 가족과 자연과 삶이 담겨 있다. 시인의 뿌리이기도 한 가족에 대한 애정과 넓은 자연의 기운을 온몸으로 들여다보는 열린 시선이 시집 속에 오롯하게 들어와 있다.

병 조각이 깨져 발을 상하게 하는 길은

들꽃이 별처럼 펼쳐져 있기도 했어요

우박이 떨어지기도 했지요

작은 우산이 찢어져 물이 새고

온몸을 축축이 적셨어요

나는 옆으로 난 작은 오솔길을 발견하곤

얼른 그곳으로 도망쳤어요

숲이 우거진 곳에 커다란 우산이 놓여 있었지요

우산을 슬그머니 잡고 걸었어요

걷다 보니 구불구불하고 캄캄한 숲을 헤매고 있었어요

사나운 짐승의 포효가 들려와

눈을 크게 떠봐도 앞이 보이지 않았지요

커다란 바위랑 가시나무가 막아서고 있었어요

우산을 펼치자 커다란 우산은

갑자기 저 멀리 달아나는 거예요

비에 흠뻑 젖어 헝클어진 나는

젖은 몸을 말리며 엉금엉금 기어갔어요

살이 쭉 빠진 멸치처럼

두리번거리며 우산을 찾았어요

우산은 낡고 힘이 없었지만

버려둔 그 자리에 얌전히 있었지요

다시 집어 들어 펼치자 찢어진 우산 사이로

예쁜 꽃이 피어 나를 반기는 거예요

잔잔히 웃고 있는 아담한 집도 한 채

웅크리고 앉아 있었어요

딱 맞는 옷도 개켜져 있었지요

소박한 음식을 먹고 방안에 누워

맑은 노랫소리에 깨어보니

모든 것이 여기에 있었어요

— 김정옥, 「풀잎」 부분

위의 시는 이번 시집의 표제작이기도 하다. 시인은 풀잎을 시적 대
상으로 설정하여 삶의 고난을 극복하고 난 후 희망의 모습을 보여주고
자 한다. 인간은 매일 꽃길만을 걸을 수 없다. 시 속의 화자 역시 마찬가
지이다. 때로는 "병 조각이 깨져 발을 상하게 하는 길"을 걷게 되기도
한다. "우박이 떨어지기도" 하고, 열심히 걷다 보면 예상하지 못한 곳에
서 "구불구불하고 캄캄한 숲을 헤매"게 되기도 한다. 뿐만 아니라 어디
에선가 "사나운 짐승의 포효가 들려와/ 눈을 크게 떠봐도 앞이 보이지
않"는 막막한 시간을 견디기도 한다.

하지만 시인은 여기에서 굴복하지 않는다. 모든 고비들이 지나가고
나면 그곳에는 또 다른 희망이 기다리고 있을 것이기 때문이다. "커다
란 바위랑 가시나무"와 같은 어려운 고비를 지나고 보니 "찢어진 우산
사이로/ 예쁜 꽃이 피어" 있는 것을 발견하게 된다. 찢어진 우산일지라
도 비를 피할 수 있으니 그만한 것이 없다. 여기에 "잔잔히 웃고 있는 아

담한 집도 한 채" 있다. "모든 것이 여기에 있"으니 고난의 극복 후 맞이
할 수 있는 참된 행복일 것이다.

시인은 '들꽃', '별', '우박', '오솔길', '숲', '바위', '가시나무'로 이어지는
자연적 상징물을 통해 주제를 형상화하여 보여준다. 자연적 상징물에
는 새로운 희망적 삶이 머지않아 곧 도래할 것이라는 시인의 바람이 내
포되어 있다. 시인은 풀잎을 그저 낮은 곳에 존재하는 하찮은 생명으
로 보지 않고, 풀잎을 통해 인간이 살아가는 모습을 되돌아보게 하고
있다. 결국 풀잎이라는 상징물을 통해 어려운 상황에서도 꿋꿋하게 버
티어 나가는 시인의 삶의 태도를 보여주고 있다.

곤충들이랑 새소리가 바람과 함께 뛰어오는 날

달콤쌉싸름한 향이 나는 까마귀가 울부짖는 숲속
벌레 먹은 풀잎 위에 두 눈을 앉히곤
까만 개미가 바위틈으로 들어가는 걸 바라본다

눈이랑 귀를 걸어 잠그고 살다
문고리를 열어 꺼내어 본다

달큼한 감 냄새
끊임없이 존재해나가는 생명들

너에게 안긴다

— 김정옥, 「감 냄새」 전문

　자연물을 귀하게 여기는 시인의 마음은 위의 시에서도 엿볼 수 있다. 이 시 역시 '곤충', '바람', '숲속', '풀잎', '개미', '바위틈', '감'으로 이어지는 자연적 상징물의 구조를 가지고 있다. 시각적인 자연적 상징물과 더불어 '새소리'라는 청각적 감각과 '달콤쌉싸름한 향', '달큼한 감 냄새'의 후각적 감각이 사용되어 시의 의미를 더욱 증폭시키고 있다.

　현재 화자의 위치는 곤충, 새소리, 바람이 조화를 이루는 날 어느 숲속이다. 감이 익어가고 있는 숲속은 달콤하면서도 쓴맛의 향이 난다. 그리고 "까만 개미가 바위틈으로 들어가는 걸 바라"보고 있는 까마귀가 있다. 까마귀는 아마 감나무에 달린 감을 쪼아먹었을 것이고, 까만 개미는 감나무 아래 떨어진 감을 먹이로 선택했을 것이다. 감나무는 한 그루인데, 까마귀에게도 개미에게도 먹이를 제공하며 함께 하고자 하는 상생의 마음이 담겨 있다.

　무슨 이유에서인지 시인은 그동안 보지 않고 듣지 않으려고 일부러 "눈이랑 귀를 걸어 잠그고 살"았다. 그런데 이러한 숲속을 보는 순간 "문고리를 열어 꺼내어" 보게 된다. 어디선가 나는 "달큼한 감 냄새"를 모른 척할 수 없었던 것이다. 그리고 "끊임없이 존재해나가는 생명들"을 그냥 지나칠 수 없었던 것이다. 결국 시인은 자연의 일부인 "너에게"

안기기로 한다.

이와 같이 자연과 함께하고자 하는 마음 이외에도 시집 곳곳에서 가족에 대한 서사도 확인할 수 있다. 「외할머니 역」에서는 외할머니를 '외할머니 역'으로 표현하여 외할머니와의 추억을 보여준다. 오일장에 가서 "농사지은 작물을 조금씩 내다 팔아/ 적은 돈으로 바꾸어 먹이고 입히고 사셨을" "한없이 착하기만 하셨던" 외할머니와의 이야기가 담겨 있다. 「고향 집」에는 "익은 밀가루 반죽을/ 끌려 나온 숟가락으로 떼어 뜨거운 햇볕 위에/ 담아내는 어머니"와 "낡은 집을 벗어나지 못한/ 구부러진 나무를 닮아가는 아버지"가 있다.

"주렁주렁 매달린 아이들/ 병원에 누워 있는 남편을 대신하여/ 고단한 삶을 살아낸"(「할머니」) 할머니와 "검버섯 송이송이 피워낸"(「할아버지」) 할아버지도 시 속에 들어와 있다. "오이에 솔을 썰어 넣고 맛있게 무친 반찬을"(「당숙 할머니」) 가져다주셨던, 지금은 병원에 계시는 당숙 할머니와 "저절로 자란 줄 알며/ 어리석게 산 나에게/ 뿌리 가득 사랑을/ 채워준 사랑하는"(「아버지」) 아버지도 만날 수 있다.

"질경질경 씹히는 하루"(「나의 밤」)를 살아가는 우리의 삶은 어쩌면 "삼키기엔 목이 아파서 몇 번 씹다 뱉"(「설익은 우리」)어 내는 떨감과 같다. 그럼에도 불구하고 이어가는 것이 인간의 삶이기도 하다. 김정옥 시인은 이러한 삶의 단면들을 놓치지 않고 들여다보고 있다. 그리고 이를 따뜻한 마음으로 보듬어 안는다.

제2부

섬세한 언어의 결
— 이우걸론

    이우걸 시인은 1973년 『현대시학』에 3회 추천을 완료하면서 시조 창작의 길에 들어서기 시작하였다. 1977년 첫 시집 『지금은 누군가 와서』를 시작으로 하여 다수의 시집과 비평집, 산문집을 상재한 바 있다. 〈중앙시조대상〉, 〈가람시조문학상〉, 〈이호우시조문학상〉, 〈김상옥시조 문학상〉 외 다수의 상을 수상하며 시인으로서 자리를 확고히 하였다.

    특히 이우걸 시인은 시조의 전통성 계승과 더불어 현대성이라는 미학을 획득하는 데 모범을 보여주었다. 시조라는 장르를 현대문학의 범주에 더욱 확고하게 자리매김하는 데 발판이 되었다고 해도 과언이 아닐 것이다. 전통적인 시조의 형식을 자연스럽게 변주하여 현실 세계의 모습을 감각적으로 보여주며 확고한 시 세계를 구축하고자 하였다.

    이번 시집 『모자』에는 67편의 시조가 수록되어 있다. 67편의 시조들은 모두 시인의 경험과 존재에 대한 깊은 탐구에서 연유된다. 고희가 지난 나이에 46년째 시조의 올곧은 길을 걸어온 시인의 품성과 연륜이 시의 편편에 고스란히 담겨 있는 것이다. 오랜 시간 시조와 함께 한 그 결실들이 한 권의 시집으로 우리 곁에 와 있다. 이 글에서는 몇몇의 시편들을 통해 이우걸 시인의 시조가 가지고 있는 면모에 대해 살펴보고자 한다.

자연

　인간과 자연은 서로 상호보완적인 관계이다. 우리는 매일 자연을 마주하며 살아간다. 길을 걷다가 혹은 차를 타고 지나가다가도 자연을 대면하게 된다. 이러한 자연의 섭리는 인간이 살아가는 여러 가지 지혜와 맞닿아 있다. 때가 되면 피어나고, 때가 되면 숙연해지는 자연. 자연의 섭리에 따른 삶을 산다면 세상의 모든 혼란과 불협화음은 음 소거될지도 모르겠다. 다음의 시 두 작품에서 이러한 자연을 마주할 수 있다.

장독간 양은그릇이 봄비를 받고 있다
사뿐사뿐 오는 비를 양은그릇이 받고 있다
쟁쟁쟁 소리를 내며 신나게 받고 있다

— 이우걸, 「봄비」 전문

대청마루 끝에 앉아 빗소리 듣는다

누나들 시집가고 엄마만 남은 집에

다저녁 그리움 껴입고

빗소리 듣는다

— 이우걸, 「가을비」 전문

「봄비」에는 시인의 섬세함이 그대로 전달되어 있다. 섬세함은 시인이 가져야 할 덕목 중 하나이다. 세상의 모든 사물을 그냥 스쳐 지나가지 않고 세심하게 눈길을 주는 것이야말로 시인의 지녀야 할 덕목일 것이다. 이우걸 시인 역시 세상의 모든 사물과 아주 작은 소리에도 귀를 기울인다. 시인은 한 폭의 풍경을 통해 봄이라는 계절을 보여주고 있다.

항아리가 가득한 장독간이 있다. 이 장독간 위로 어느 봄날, 봄비가 내리고 있다. 장독간에는 항아리만 있는 것이 아니라 양은그릇도 놓여 있다. 양은그릇은 "사뿐사뿐 오는 비를" "쟁쟁쟁 소리를 내며" 아주 "신나게 받고" 있다. 양은그릇에 똑똑 떨어지는 빗방울 소리가 귓전을 울리는 듯하다. '사뿐사뿐', '쟁쟁쟁'이라는 의태어와 의성어가 이를 더욱 생생하게 뒷받침한다. 봄비가 내리는 풍경과 양은그릇에 떨어지는 빗소리가 서로 조화를 이루고 있다.

「가을비」는 가을날 저녁이 다 되어갈 무렵 비가 내리는 풍경이 연상되는 시이다. 시인인 화자는 "대청마루 끝에 앉아" 비가 내리는 소리를 듣고 있다. 대청마루가 있는 이 집은 현재 누나들은 모두 시집을 가고, "엄마만 남은" 집이다. 시인은 어릴 적 이 집에서 누나들과 함께 날마다 꿈을 키우며 살았을 것이다. 유년의 시간이 머물러 있는 집, 시인은 이

집에서 희망을 향해 발돋움하였으리라. 이 시 역시 시인의 섬세함이 그대로 묻어 있다. '가을'과 '대청마루', '빗소리', '다저녁'이 어우러져 쓸쓸함과 그리움이 느껴지지만, 이를 통해 시인은 유년의 기억이 담긴 한 편의 풍경을 선사하고 있는 것이다.

「봄비」와 「가을비」는 한 폭의 풍경을 제시하는 시이다. 두 작품을 통해 자연을 대하는 시인의 섬세한 시선을 마주할 수 있다. 시인은 단정한 형식과 절제된 언어를 통해 순간의 풍경을 놓치지 않고 압축하여 보여주고 있다.

향수(鄕愁)

자신이 어릴 적 태어나 자란 곳을 고향이라고 한다. 아무도 살지 않더라도 '고향'이라는 단어는 그 자체만으로도 마음이 따뜻해진다. 시에서 고향은 기본적으로 돌아가고 싶은 유년이 있는 그리움의 대상으로 드러난다. 하지만 고향의 모습은 성인이 된 이후에 그대로 존재하지 않는다. 시대가 변해감에 따라, 시간이 지나감에 따라 변형된 모습을 나타내기 마련이다. 이우걸 시인 역시 이러한 고향에 대한 그리움을 시조를 통해 토로하고 있다.

그늘이란 대개 어둠으로 치부되지만
내 고향 느티나무는 그늘이 재산이라네

수백 년 가문의 화목도

그 그늘이 일궈 주셨네

큰 걱정 생기면 먼저 가서 빌었고

외치고픈 비밀 있으면 그 아래서 중얼거려

종손이 모르는 일도 느티나무는 알고 계셨지

아버지가 가신 지 사십 년이 흘렀고

어머니가 가신 지는 삼십 년이 되어가지만

고향엔 아직도 뵙고 싶은

느티나무 한 분 계시네

— 이우걸, 「품」 전문

    이 시에서 '품'은 넉넉하게 보듬어주는 느티나무의 품이다. 품이 넉넉하다는 것은 마음이 넉넉하다는 것이다. 넉넉한 마음은 누구에게나 허락되는 것은 아니다. 고향의 느티나무이기 때문에 가능한 것이다. 느티나무는 일종의 마을의 수호신이자 당산나무의 역할을 한 셈이다. 당산나무는 마을 입구에 들어서면 가장 먼저 보이기 마련이다. 사람들은 이 나무에 마을의 평안을 지켜주는 신령이 깃들어 있다고 생각하였다.

    그늘이라고 하면 부정적인 의미를 생각하지만, 느티나무는 "그늘이 재산"이다. 그늘이 넓다는 것은 그만큼 느티나무의 품이 넓다는 것을 의미한다. "수백 년 가문의 화목도" 느티나무의 넓은 그늘이 만들어 준 것이다. 마을 사람들은 근심이나 걱정이 생기면 제일 먼저 느티나무에게 가서 두 손 모아 빌었고, 누군가의 "외치고픈 비밀"이 생긴다면 이 역시 느티나무 아래에 가서 풀어놓았다. 때문에 "종손이 모르는 일도 느티나무는" 모두 알 수밖에 없는 것이다.

이와 같이 느티나무를 신성하게 생각하였기 때문에 '~다'라는 평서형으로 종결을 짓지 않았다. 첫째 수에서는 '~주셨네', 둘째 수에서는 '~계셨지', 셋째 수에 역시 '~계셨네'라고 종결어미를 높이고 있는 것이다. 그만큼 느티나무에는 마을의 안녕과 평안, 그리고 사람들의 염원이 깃들어 있다는 의미이다. 어머니 아버지가 돌아가시고도 많은 시간이 흘렀지만, "아직도 뵙고 싶은" 분이 계시는 고향. 고향의 모습이 눈앞에 선연하게 그려진다. 다음의 시에서도 고향에 대한 이야기를 하고 있다.

그 길을 돌아서 간 그는 끝내 오지 못했다 토담엔 이끼가 끼고 해마다 풀이 나고,

그 위를 비, 바람들이 수없이 지나갔다

지금은 이사를 하고 집들마저 허물어진 채, 치매 앓는 노파가

맞아야 할 밤이 있거나

모르는 사람들이 와서 새 삶을 일구고 있다

역사가 되었을까 피안으로 갔을까, 달 밝은 밤이면 자주 그를
보고파 하던

나이 든 피붙이들도 뒷산으로 가고 없다

— 이우걸, 「고향」 전문

과거에는 한 성(姓)을 가진 사람들이 한 마을에 모여 살았다. 때문에
마을 구성원 모두가 한 가족이며 같은 피붙이들이었다. 집성촌이 아니
더라도 모두가 함께 모여 내 집, 남의 집이 아니라 서로 마음 편하게 왕
래하며 왁자지껄 살았던 고향 마을. 하지만 지금의 이 고향 마을에는
유년의 추억으로 남아 있던 과거의 모습들을 찾아볼 수 없다.

사람이 살지 않은 집에는 사람의 온기 대신 고즈넉하게 자연이 들어
와 자리하고 있다. "토담엔 이끼가 끼고 해마다 풀이 나고" 그 위로 수
없이 바람들이 지나가고 있는 것이다. 그나마 몇몇 남아 있던 사람들도
"지금은 이사를 하고 집들마저 허물어"져 있거나, "모르는 사람들이 와
서 새 삶을 일구고" 있는 상황이다. 어쩌면 모르는 사람들일지라도 고

향 마을에 와서 새 삶을 일구며 정착을 한다는 것이 다행한 일일지도 모른다. 아무도 돌보지 않아 홀로 남겨져 슬픈 폐허가 되지 않고 다시 새 삶을 향해, 희망을 향해 나아간다는 의미이기 때문이다.

시인은 묻는다. 그 많던 사람들은 "역사가 되었을까 피안으로 갔을까"라고. '피안(彼岸)'은 사전적 의미로 강 건너편 기슭을 뜻하기도 하지만, 불교에서는 진리를 깨달은 후에 도달할 수 있는 이상적 경지를 의미하기도 한다. "뒷산으로 가고 없"는 "나이 든 피붙이들"은 역사의 한 페이지가 되었거나, 속세의 모든 번뇌를 초탈하여 이상의 세계로 갔을 것이다. 나고, 자라고, 다시 돌아감이 인간의 자연스러운 순리이겠지만 안타까운 마음은 어쩔 수 없는 듯하다. "달 밝은 밤이면 자주 그를 보고파 하던" 사람들이 없는 고향. 시인은 이러한 고향에 대한 그리움을 시조로 형상화하여 보여주고 있다.

언어

언어 이전의 사유는 존재하지 않았다. 언어는 사유의 바탕이며, 언어로 인해 존재가 인식된다. 시는 이 언어를 통해 발현된다. 때문에 시의 언어와 과학의 언어는 다를 수밖에 없다. 과학의 언어는 논리적이고 객관적인 언어로써 직접적으로 전달되는 반면 시의 언어는 함축적인 언어로 주관적이고 간접적으로 전달된다. 즉 시의 언어는 리듬과 이미지, 어조를 활용하여 상징적 표현이 가능하기 때문에 다양한 의미를 함의할 수 있다.

이러한 언어 운용방식과 시작법에 대한 고민은 글을 쓰는 사람이라면 누구나 한 번쯤 생각해보았을 문제이다. 시조라는 전통성에 현대적 감각을 호출하여 의미를 전달하는 시인 역시 언어에 대한 고민은 피해갈 수 없는 문제였을 것이다. 이우걸 시인은 시조의 단정한 형식에 절제된 언어를 운용하여 현대 세계의 복잡한 문제들을 형상화하여 보여줌으로써 시조의 위상을 격상화시킨 바 있다.

한 권의 건축을

밤마다 꿈꾸고 있다

내가 가진 세계의 수많은 이모티콘으로

내면의 허기를 메울

그런 집을 꿈꾸고 있다

낡고 병든 언어에 대책 없이 애착을 갖던

지난날의 감상을 아프게 자책하며

새로 필 꽃들을 위한

말의 집을 꿈꾸고 있다

꿈이란 지상에 없는 저 너머의 무지개지만

때로는 종교가 되고 때로는 철학이 되는

밤마다 간구해오던

내 기도가

영글 집을

— 이우걸, 「집」 전문

시인이 짓고 싶은 집은 어떤 집일까. 시 속의 화자이기도 한 시인은 건물을 지었다 허물기를 매번 반복하는 사람이다. 이때의 건물은 대지 위에 지어진 크고 화려한 집이 아니라, '언어의 집'을 뜻한다. 시인은 언어를 통해 한 권의 책을 짓고 싶은 것이다. 즉 건축과 집은 책의 은유이다.

시인은 한 권의 책을 짓기 위해 "밤마다 꿈꾸고 있다". 자신이 "가진 세계의 수많은 이모티콘"을 사용하여 "내면의 허기를 메울" 수 있는 집을 짓고자 하는 것이다. 시인의 내면은 결핍되어 있지만, 이 결핍은 언어를 통해 채울 수 있다. 시인이 꿈꾸는 집은 "새로 필 꽃들을 위한// 말의 집"이기 때문이다. 시인이 가지고 있는 "세계의 수많은 이모티콘으로" 새로운 시를 창작하여 새로움과 생명력을 부여하고자 한다.

꿈을 꾼다는 것은 삶에 대한 희망이 있다는 것을 의미한다. 실현시키고 싶은 이상이 존재한다는 것이다. 익히 프로이트는 인간의 잠재된 무의식이 실현되는 곳이 꿈이라고 말한 바 있다. 시인은 꿈에서뿐만 아니라 현실을 통해서도 자신의 꿈을 실현시키고자 한다. "때로는 종교가 되고 때로는 철학이 되는" 시인의 기도가 영글 집을 꿈꾸는 것이다.

삶의 풍경

현대사회는 복잡성을 전제로 한다. 심리적으로도 사회·문화적으로도 복잡하기 때문에 늘 불안이 존재한다. 불안은 한 개인이 겪는 특별한 감정이 아니라, 우리 모두가 느끼게 된 보편적 감정이 되어 버렸다. 현대사회에서의 불안은 한 사람의 실존에 그치지 않고 우리의 일상생활과 밀접하게 연결되어 있는 것이다. 다음의 시는 불안을 주식으로 먹으며 바쁘게 살아가는 현대사회의 모습을 잘 보여주고 있다.

오늘도 불안은 우리의 주식(主食)이다
눈치껏 숨기고 편안한 척 앉아보지만
잘 차린 식탁 앞에서 수저들은 말이 없다

싱긋 웃으며 아내가 농을 걸어도
때 놓친 유머란 식상한 조미료일 뿐
바빠요 눈으로 외치며 식구들은 종종거린다

다 가고 남은 식탁이 섬처럼 외롭다
냉장고에 밀어 넣은 먹다 남은 반찬들마저
후일담 한마디 못한 채 따로 따로 갇혀 있다

— 이우걸, 「아침 식탁」 전문

「아침 식탁」은 눈 앞에 펼쳐진 식탁 앞의 풍경이다. 시인의 가족뿐
만 아니라 여느 가족들의 아침 풍경도 이와 마찬가지일 것이다. 애써
"편안한 척 앉아보지만/ 잘 차린 식탁 앞에서 수저들은 말이 없다". '수
저'는 객관적 상관물로 가족 구성원을 의미한다. 즉 수저들이 말이 없
다는 것은 함께 식사를 하는 가족 구성원들이 말이 없다는 것을 뜻한
다. 말이 없는 분위기를 전환하여 보려고 "싱긋 웃으며 아내가 농을 걸

어도" 크게 달라질 것은 없다. 서로가 "바빠요"라고 "눈으로 외치며" 종 종거릴 뿐이다.

이 모습은 현대 가족에서 흔히 찾아볼 수 있는 보편적인 모습이다. 아버지가 수저를 들어야 온 아이들이 밥을 먹고, 보글보글 뚝배기에 여러 개의 숟가락이 오가는 풍경을 지금은 찾아볼 수 없다. 밥상에 앉아 교육을 했던 시절은, 그저 시절로만 남아 있을 뿐이다.

이러한 풍경은 우리가 주식으로 먹는 '불안' 때문이리라. 가정과 직장, 그리고 사회에서도 불안은 꼬리표처럼 늘 삶을 따라다닌다. 개인적인 불안 그리고 사회적인 불안. 해결되지 않은 불안들이 이어지는 삶은 우리를 더욱더 불안으로 몰아간다. 쓸쓸하지만 극히 현실적인 오늘날 우리의 풍경인 것이다. 이우걸 시인은 이와 같이 현대사회가 처해 있는 여러 국면에도 눈길을 주며 이를 극복해보고자 한다.

초월

이우걸 시인은 고희를 넘은 원로 시인이다. 시인의 작품에는 그동안의 삶의 연륜이 담겨 있다. 시인은 나이 듦에 대하여 두려워하거나 경계하지 않는다. 오히려 이를 초월하여 앞으로 펼쳐질 새로움에 대해 이야기하고자 한다. 인간의 삶은 고정되어 있는 것이 아니라 끊임없이 자기를 극복하며 형성되어 가기 마련이다. 현재의 시간을 초월하여 미래의 새로운 자신의 모습을 그리고자 하는 것이다. 즉 현재의 자신을 담담하게 받아들여 다가올 시간들에 대한 초월적 삶의 의지를 보여준다.
이는 다음의 시「모자」를 통해 확인할 수 있다.

1

모자의 내면을 다 읽는 사람은 없다
모자는 모자니까 그저 쓰고 있을 뿐이다
그러나 그저 단순히 모자인 모자는 없다

튼튼한 방패거나, 섬세한 장식이거나, 눈부신 휘장이거나 또
하나의 가면이거나……

수많은 필요에 의해
모자는 태어난다

2

오늘 아침 세수를 하다
속이 빈 머리를 보고
내 허전을 달래기 위해 백화점에 나와서
비로소 모자를 본자

모자를

읽어본다

— 이우걸, 「모자」 전문

과거에 모자는 장식품으로 사용되었다. 특히 귀족계급에는 필수 장식품으로, 조선시대에는 모자로 신분을 구별하기도 하였다. 여성과 남성, 양반과 일반 백성이 착용하는 모자가 달랐다. 왕이 곤룡포에 갖추어 썼다는 면류관에서부터 사대부와 유생이 착용한 정자관, 사모, 초립, 패랭이에 이르기까지 남성들이 쓰는 모자의 종류만으로도 굉장히 다양하였다.

현대인에게 모자는 장식품으로 사용되기도 하고 자신의 신체를 보호하기 위해 착용하기도 한다. "튼튼한 방패거나, 섬세한 장식이거나, 눈부신 휘장이거나 또 하나의 가면이거나…" 그 종류가 다양하다. 이와 같이 일상생활에서 모자는 자신을 보호해주기도 하고, 장식품의 역할도 하며 신분을 나타내기도 한다. 반면 문학작품에서 모자는 표면적 의미만 가지는 것이 아니라 내포적인 의미도 함께 작용한다. 위의 시에서 모자는 시인의 삶을 의미한다. 이 삶은 시인의 지나온 경험에서 완성된 연륜이 가득 채워져 있다.

시인은 모자가 필요한 나이가 되었지만, 이 나이를 슬퍼하지 않고 담담하게 받아들인다. "허전을 달래기 위해 백화점에" 가서 모자를 보는 행위가 이를 뒷받침한다. 시인은 이를 "모자를/ 읽어본다"라고 표현한다. 모자를 읽어본다는 것은 삶의 내력 즉, 삶의 이력을 읽어낸다는 것을 의미한다. 머리카락은 빠졌지만 그 자리에 대신한 삶의 지혜를 조곤하게 들려주고자 하는 것이다.

여기에서 "그저 단순히 모자인 모자는 없다"라는 구절에 주목해야한다. 젊은 사람들은 장식의 필요에 의해 모자를 착용하기도 하지만, 나이가 많은 어른들에게는 모자의 용도가 다소 다르다. 머리카락이 듬성듬성 빠져 그 허전함을 달래기 위함도 있는 것이다. 이 시의 화자인 시인도 모자가 필요한 나이가 되었고, 이 모자를 보고 쓰는 것에 대해 자연스럽게 받아들인다. "그저 단순히 모자인 모자는" 없기 때문이다. 이는 그저 단순히 살아가는 삶은 없다는 의미를 함의하고 있다. 한 사람이 태어나 지나온 시간, 그 시간은 단순히 숫자로만 계산할 수 있는 것이 아니다. 땀방울과 인내, 슬픔, 기쁨, 행복 등 삶의 모든 감정이 그 안에 녹아있기 마련이다. 이것이 '그저', '단순히', '모자인', '모자는', '없다'라는 5음절에 주목해야 하는 이유이다.

형식이 변형된 시조의 율격이 내용을 더 단단하게 뒷받침해 주고 있다. 어느 것 하나 소홀히 지나치지 않고 형식적인 측면에서 역시 전통적인 시조의 형식에서 탈피하여 현대적 감각을 살리고 있는 것이다. 이로 인하여 읽는 이로 하여금 여백의 의미를 다시 한번 충분히 생각해 볼 수 있도록 만든다.

삶에 대한 성찰은 사물을 바라보는 예리한 시선과 깊은 생각을 전제로 한다. 시인은 삶을 통해 끊임없이 질문하고 답을 구하고자 한다. 하지만 우리의 삶은 연습이 없기 때문에 머릿속으로 계산된 공식에서 늘 비껴가기 마련이다. 리허설 없이 생방송으로 진행되는 삶. 때문에 누구든 삶에 대한 준비는 부족한 법이고, 시인 역시 "삶에 대해서/ 늘 준비가 부족하다"(「발견」)고 말하는 것이리라.

　나이 듦은 세상의 이치를 한 발자국 떨어져서 바라보게 한다. 그렇다고 방관의 자세를 취한다는 것은 아니다. 스스로를 극복하여 사물을 응대하는 시선이 깊고 정교해진다는 의미이다. 현존의 시간을 쓸쓸하게 바라보지 않고 존재의 본질에 대하여 더 섬세하게 관찰하고자 한다. 이우걸 시인은 이러한 관찰을 통해 지각한 것을 시조의 전통적 형식과 현대적 감각을 접목하여 형상화하여 보여주고 있는 것이다.

전통과 현대성으로 풀어낸 삶의 철학
— 문무학론

문무학 시인은 1949년 경북 고령에서 출생하였다. 1981년《시조문학》에「회소곡」과「도회의 밤」으로 2회 추천이 완료되었다. 본격적인 활동은 그다음 해인 1982년부터이다. 1982년「아지랑이」로 제2회 동시조문학 신인상을 수상하였고,「밤, 가을은」으로 제38회《월간문학》 신인작품상에 당선되었다.

이후 제1시집『가을거문고』(대일출판사, 1983), 제2시집『설사 슬픔이거나 절망이더라도』(백상, 1989), 제3시집『눈물은 일어선다』(그루, 1993), 제4시집『달과 늪』(만인사, 1999), 제5시집『풀을 읽다』(만인사, 2004), 제6시집『낱말』(동학사, 2009), 제7시집『홀』(학이사, 2016), 제8시집『누구나 누구가 그립다』(학이사, 2017)와 같이 8권의 시집을 상재하였다. 윤동주문학상, 이호우시조문학상, 신라문학대상, 백수문학상 등을 수상한 바 있다.

이와 같이 문무학 시인은 원로시인이다. 원로시인만이 가질 수 있는 원숙한 노련함과 현대적 감각으로 현재까지도 왕성한 활동을 이어가고 있다. 특히 시조라는 전통성에 현대성을 부여하는 작업에 천착하고 있다. 이 작업은 현재진행형으로 지금도 이어지고 있다.

전통성과 삶의 철학

시조는 일정한 형식을 가지고 있는 정형시이다. 일정한 형식에 맞추어 써야 한다고 해서 답답하거나 고전적인 것만은 아니다. 그 안에 현대적 감각을 보여줄 수 있는 다양한 장치를 마련하기 때문이다. 현대시조는 일정한 율격을 가지고 새로운 이미지를 도출하여 의미를 부여하고자 한다.

도라지꽃빛 입술로 봄을 씹던 누부야
앞들 논 서 마지기 보랏골 이랑마다
긴긴 해 허기를 묻고 꿈을 캐고 있었제.

꽃불타던 산허리 뻐꾸기 봄을 울면
아지랑이 아물아물 나른한 한 나절을
누부야 청보리같이 그래 살고 싶었제.

— 문무학,「청보리」전문

연시조로 이루어진 이 시는 아직 익지 않은 푸른 청보리의 이미지를 누이의 모습과 중첩시켜 보여주고 있다. 누이는 "도라지꽃빛 입술로" 봄을 씹고 있다. 핏기가 도는 선홍빛의 붉은색이 아니라 보랏빛 입술을 가지고 있다. 시에서 보랏빛은 신비로움을 나타내기도 하지만 고독과 상처, 병약함 등과 같은 부정의 의미를 내포하기도 한다.

시 속의 화자뿐만 아니라 누이는 청보리같이 푸릇푸릇하게 살고 싶었을 것이다. 그러나 삶의 현실은 고단하다. "긴긴 해"가 "허기를 묻고 꿈을 캐고 있"는 형국인 것이다. 꿈은 누구에게나 존재하지만 꿈을 찾아 꿈을 이루고 살아가는 이들은 얼마나 될까. 꿈을 이루고 꿈을 쫓아 산다는 것이 쉽지만은 않은 일이다. 그렇기 때문에 허기를 묻으면서 캐내는 꿈은 더더욱 소중할 것이다.

이 시는 '누부', '~있었제', '~싶었제'와 같은 정감 어린 사투리를 사용하여 더 애틋한 마음을 절절하게 드러내고 있다. 사투리를 잘못 사용하면 투박해 보일 수 있으나, 「청보리」에서는 당시의 심정을 효과적으로 전달하고 있다. 사투리 사용의 적절한 모범을 보여준다고 할 수 있다.

만약에 네가 풀이 아니고 새라면
네 가는 울음소리는 분명 비비추 비비추
그렇게 울고 말거다 비비추 비비추

그러나 너는 울 수 없어서 울 수가 없어서
꽃 대궁 길게 뽑아 연보랏빛 종을 달고
비비추 그 소리로 한번 떨고 싶은 게다 비비추

그래 네가 비비추 비비추 그렇게 떨면서

눈물 나게 연한 보랏빛 그 종을 흔들면

잊었던 얼굴 하나가 눈 비비며 다가선다.

— 문무학, 「비비추에 관한 연상」 전문

「비비추에 관한 연상」은 시각과 청각이 돋보이는 시이다. 연보랏빛 꽃송이와 "비비추 비비추"하는 울음소리가 선명한 이미지로 그려진다. 비비추는 7~8월에 연보라색 꽃을 피우는 식물이다. 시인인 화자는 시 속에서 실제 비비추 식물의 이름을 통해 비비추라는 새를 연상시킨다. "만약에 네가 풀이 아니고 새라면" "비비추 비비추"하며 울었을 것이라고 말이다. 그런데 애석하게도 비비추는 새가 아니라 "울 수 없"다. 실제 새처럼 울 수 없으니 "꽃 대궁 길게 뽑아 연보랏빛 종을 달고/ 비비추 그 소리로 한번 떨고 싶은" 것이라고 상상하는 것이다.

이 비비추는 셋째 수에서 "잊었던 얼굴 하나"로 환치된다. "눈물 나게 연한 보랏빛 그 종을 흔들면" 그리운 사람의 모습이 "눈 비비며 다가"서는 것이다. 누군가를 그리워하는 간절한 마음과 "비비추 비비추" 우는 보랏빛 종들이 모여 한 편의 시가 되었다.

솔 아래 바위에 앉아 그를 우러른다

큰 바위 두어 덩이 버선처럼 덮여있고

구불텅 한 굽이 휘고 또 한 굽이 틀고 있다.

구불텅 두어 구비 돌아가게 하는 것이

해일까 달일까 아니면 바람일까

걸칠 것 하나 없는 데 솔은 왜 돌아갈까.

내 모를 까닭이사 없지야 않겠지만

달빛에 짓눌리고 햇살에 눈 감다 보면

헛디뎌 그도 한 번씩 휘청거린 것 아닐까.

— 문무학, 「구불텅 소나무」 전문

시인인 화자는 "솔 아래 바위에 앉아" 소나무를 우러러보고 있다. 이 소나무는 곧은 가지가 아니라 구불텅한 가지를 가지고 있다. "한 굽이 휘고 또 한 굽이 틀고 있"는 이 구불텅함은 어디에서 기인한 것일까. 해와 달 바람으로부터 기인한 것이라는 것을 화자는 잘 알고 있다. "달빛에 짓눌리고 햇살에 눈 감다 보면/ 헛디뎌" "한 번씩 휘청 거"릴 수밖에 없다는 것을 말이다.

즉 시인은 자연물을 빌어 우리네 삶을 이야기한다. 살아가면서 누구나 가끔은 발을 헛디디기 마련이다. 앞을 향해서만 전력질주 하는 완벽한 삶이 어디 있겠는가. 때로는 구불텅한 소나무 같은 시간을 견뎌야 하는 것이 우리네 삶인 것이다. 수많은 시련과 고난을 견뎌내고 한걸음 물러나 바라보면 휘청거림 쯤은 큰 일이 아니라는 것을 알게 될 것이다. 이와 같이 자연의 일부도 시인의 사색과 만나면 한 편의 시가 된다.

「지평선」은 기존의 시조 시행과는 다른 실험적인 배치를 보여준다. 이러한 배치가 지평선에 대한 이미지를 더욱 감각적으로 그려내고 있다. 혼신의 힘을 다해 가지만 내가 간 만큼, 지평선은 "또 그만큼" 물러서 있다. "팽팽한 거리를 두고"(「지평선」) 존재하는 것이 다름 아닌 지평선인 것이다.

짧지만 강렬한 이미지는 「밭」에서도 찾아볼 수 있다. "호미로/ 밑줄을 긋던 // 울 엄마의/ 책 한 권". 그렇다면 "호미로/ 밑줄을 긋던" 어머니의 "책 한 권"은 무엇일까. 어머니의 책은 '밭'이다. 어머니에게 삶의 지혜를 주는 것은 활자화된 지식이 담겨 있는 책이 아닌 밭인 것이다. 그 어떤 위대한 책보다도 밭이라는 책을 읽으며 어머니는 한평생을 사셨다. 밭을 통해 살아가고, 밭을 통해 삶을 이야기하는 어머니의 생에서 밭을 빼면 무엇이 남을까. 평생을 밭에서 생을 찾아 헤매셨던 어머니의 삶에 경건하게 밑줄을 그어본다.

4수로 구성되어 있는 「우체국을 지나며」는 가을 편지와 어울리는 시이다. "살아가면서 꼭 한번은 만나고 싶은 사람"이 "그리움"으로 자연스럽게 이어진다. 지금과 같이 카페가 많지 않은 시절 우체국은 만남의 장소였다. 누군가를 그리워하는 마음을 전달하기도 하고, 그 마음을 도리어 자신이 받기도 하는 곳이 우체국이다. 누군가를 간절한 마음으로 그리워하는 것은 하나의 축복이다. 그리움을 간직할 수 있는 사람이라면 마음이 고운 사람이기 때문이다. 어쩌면 그리움은 삶을 지탱해

주는 하나의 매개체가 될 수도 있을 것이다.

문무학 시인이 그리는 형상은 개인적인 차원에만 머물지 않는다. 시인은 때로는 "그대 향한 바람"이고 싶다고 말한다. "올 넘어 물 넘어 뫼라도 불어 넘어/그 가슴 들이받고는 뼈 부러질 그런 바람"(「바람」) 말이다. 여기서 그대는 그리워하는 사람일 수도 있고, 어지러운 이 사회를 향한 질타일 수도 있다. 더 큰 사회를 위해서라면 뼈가 부러지더라도 산 넘고 물 넘어 정의를 향해 나아가겠다는 시인의 곧은 의지가 엿보인다. 이러한 진정성 있는 곧은 의지들이 모여 문무학 시인의 삶에 대한 철학을 만들어내고 있다.

현대적 어법

「문장부호 시로 읽기」와 「낱말 새로 읽기」는 2009년도 발행된 『낱말』이라는 시집에 수록되어 있는 연작시조이다. 문장부호, 낱말, 한글 자모 등이 시인의 손을 거치면 한 편의 시로 탄생된다. 문무학 시인이 바라보는 문장부호로 시를 읽는 것, 새로 읽는 낱말에는 성찰의 깊이가 내재되어 있다. 새롭게 재해석한 의미는 낯설거나 의미 해독이 불가능한 것이 아니라, 누구나 공감할 수 있는 보편적이고 성찰적인 의미이다. 보편적이고 성찰적이라는 것은 시인의 삶의 내력이 시에 고스란히 담겨 있다는 의미이다. 시인의 올곧은 품성이 시를 통해 읽는 이에게 그대로 전해진다.

물음표는 사람의 귀, 귀를 많이 닮아 있다
물어놓고 들으려면 귀 있어야 된다는 듯
보이지 않는 쪽으로
그 언제나 열려있다.

물음표는 낚싯바늘, 낚싯바늘 그것 같다
세상 바다 떠다니는 수도 없는 의문들
그 대답 물어 올리려
갈고리가 된 것이다.

물음표는 그렇다 문명의 근원이다
그 숱한 궁금증을 하나하나 풀어낸
인간의 역사는 본디
의문을 푼 내력이다.

                                              — 문무학, 「문장부호 시로 읽기·2-?」 전문

    「문장부호 시로 읽기」는 모두 11편으로 이루어진 연작시조이다. 「문장부호 시로 읽기·2-?」는 그 중 한 편으로 문장부호인 '?'를 소재로 하고 있다. 시인은 물음표를 단순히 문장부호로만 보지 않고 여기에 의미를 부여한다. 글을 쓰는 사람이라면 누구나 자주 사용하는 문장부호들이 새롭게 재탄생되고 있는 것이다. 물음표를 가만히 들여다보자.

'?'와 '문명'의 조합이 예사롭지 않다. '물음표 사람의 귀 낚싯바늘 문명의 근원'으로 이미지가 자연스럽게 확장되고 있다.

　무언가를 "물어놓고 들으려면 귀"가 있어야 한다. 물음에 대한 답을 듣기 위해 "보이지 않는 쪽으로" 항상 열려있는 것이 첫째 수에서 귀의 모양을 연상시키는 물음표이다. 둘째 수에서 물음표는 "세상 바다 떠다니는 수도 없는 의문들"에 대한 대답을 물어 올리기 위해 갈고리가 된다. 마지막으로 셋째 수에서 물음표는 "문명의 근원"이 된다. 우리의 역사는 원래 "의문을 푼 내력"이기 때문이다. 물음표가 문명이 되는 순간 무릎을 치게 한다. 사물을 들여다보는 시인의 혜안이 예사롭지 않다.

　　'바다'가 '바다'라는 이름을 갖게 된 것은

　　이것저것 가리지 않고 다 '받아' 주기 때문이다

　　'괜찮다'

　　그 말 한마디로

　　어머닌 바다가 되었다.
　　　　　　　　　　　　― 문무학, 「낱말 새로 읽기·13―바다」 전문

「낱말 새로 읽기」는 총 61편으로 이루어진 연작시조이다. 그 중 「낱말 새로 읽기·13-바다」는 어머니에 대한 이야기이다. 사람들이 보편적으로 알고 있는 '바다'라는 낱말을 새롭게 재해석하여 의미를 부여하고 있다. 흔히 지구에서 육지를 제외한 부분을 바다라고 생각하기 마련이다. 이러한 일차적인 의미를 뛰어넘어 시인만의 낱말로 다시 이야기하는 것이다.

그 의미는 어머니로 확장된다. 모든 것을 다 품어주는 어머니의 마음과 바다의 이미지가 결합된 것이다. 어떠한 시련과 고난이 닥쳐와도 늘 "괜찮다"라고 말씀하며 자식을 먼저 배려하시는 어머니의 넓은 품성이 "이것저것 가리지 않고 다 '받아'" 주는 '바다'와 같은 것이다. '바다'의 사전적인 의미를 훌쩍 뛰어넘어 읽는 이로 하여금 커다란 울림을 준다. 어디선가 '괜찮다'라고 토닥이는 어머니의 목소리가 들리는 듯하다. 단어가 주는 울림이 두고두고 귓가를 맴돈다. 시인은 이처럼 현대적 어법을 통해 단어가 가지고 있는 고유한 힘을 길어 올리고 있다.

단어의 힘은 「한글 자모 시로 읽기·25-겹닿소리 ㄲ」에서도 여실히 드러난다. 겹닿소리는 단자음이 합하여져 이루어진 자음이다. 낱말 유희도 새롭지만 여기에 부여되는 의미도 풍성하다. "알록달록 피어나 곱디고운 '꽃'"이라는 글자 대신 시인인 화자가 요새 더 끌리는 단어는 '꼴'자이다. 특히 '꼴'에서 파생된 '꼴값'이라는 글자이다. '꼴'이나 '꼴값'이나 사실상 부정의 속된 의미를 나타낸다. 이 시의 정점은 "꼴값도 꼴값 같잖게 떨고 만 것" 같다는 시인의 속마음이다. "애시당초 내 삶이 꽃에서는 멀고멀어/ 언감생심 꽃자리 꿈꾼 적" 없다. 하지만 "꼴에 또 살아온 게 꼴값 떤 건 아니라고" 자신 있게 말하지 못하는 것이다. 여기에 '꿀꺽꿀꺽', '꿈틀꿈틀', '꾸역꾸역', '꾹꾹'과 같이 'ㄲ'을 포함하고 있는 부사의 사용이 시를 읽는 묘미를 추가하고 있다.

현재진행형인 도전

문무학 시인의 도전은 현재진행형이다. 신작 시 3편을 통해 새로움에 대한 또 다른 도전을 확인할 수 있다. 이번에는 '겹받침'이다. 겹받침을 가지고 있는 세상의 모든 단어들을 불러 앉히는 시인의 시 쓰기가 이어지고 있는 것이다. '읽다/늙다', '젊다/닮다', '넓다/얇다'와 같은 겹받침이 들어간 각 단어가 가지고 있는 깊이를 소홀히 하지 않는다. 같은 겹받침을 사용하는 동사와 형용사를 서로 대비하여 의미를 부여하고 있다. 이들 시는 언어유희에 그치는 것이 아니라 편편마다 삶의 깊이를 내포하고 있다.

읽는 건 익는 것이다 늙지 말고 익어가자
읽기를 멀리하면 더 빨리 늙을 지니
늙다가 읽다가 하다 보면 익어가지 않겠는가.

강을 읽고 산을 읽고 사람을 읽다 보면

강과 산 사람이 무에 그리 다르랴

읽다가 늙다가 하다 보면 강산 닮아 가겠지.

　　　　— 문무학, 「겹받침 글자의 풍경·4—ㄹㄱ (읽다/늙다)」 전문

　익어간다는 것은 에너지가 응축되는 말이다. 세상의 모든 처음은 서
툴 수밖에 없다. 낯설고 서 의 시간을 지나 원숙해진 시간을 거쳐 조금
씩 익어간다는 것. 첫째 수에서는 삶에 대한 이야기를 하고 둘째 수에
서는 이를 자연에 빗대어 이야기하고 있다. 본디 전통적 자연관에 비추
어보면 인간과 자연은 하나이다. 서로 상호의존하며 서로가 서로를 보
듬어주어야 하는 관계인 것이다.

　시인은 무언가를 읽는 행위는 스스로 익어가는 것이라고 말하고 있
다. 익어간다는 것은 활자를 통한 앎이 삶의 영역을 확장시킨다는 의
미이다. 여기에서 시인인 화자는 "읽기를 멀리하면 더 빨리 늙을" 것이
라고 경고한다. 늙어가면서도 읽기를 놓지 않기를 바라는 마음이 담겨
있다. "늙다가 읽다가 하다 보면 익어가"는 것이 또 우리네 삶일 것이다.

　굳이 활자가 아니어도 좋다. "강을 읽고 산을 읽고 사람을 읽"기도
한다. 그러다 보면 "강과 산 사람"이 다르지 않다는 것을 발견하게 된다.
"늙다가 읽다가" 혹은 "읽다가 늙다가" 하다 보면 저절로 익어가고 강산
을 닮아 가는 것이다.

　　젊음은 누군가를 닮아가는 시간인데

닮아야 할 사람은 비켜가고 싶었고

닮아선 안 될 사람은 쫓아가고 싶었다.

돌아보면 그것이 젊음의 젊음이었는데

이제는 비낄 것도 쫓을 것도 없으니

젊은 것 그것 말고는 닮고픈 게 없어라.

　　　　　　　　— 문무학, 「겹받침 글자의 풍경·5-ㄲ(젊다/ 닮다)」 전문

　원숙한 나이의 지금 "비낄 것도 쫓을 것도 없으니" "닮고픈 게 없"다. 화자가 두려워하는 것은 나이 듦에 대한 자연의 섭리가 아니라 "젊은 것" 말고는 닮고 싶은 것이 없어진다는 점이다. 이제 와 돌아보니 "닮아야 할 사람은 비켜가고 싶었고", "닮아선 안 될 사람은 쫓아가고 싶었"던 그 모든 것들이 "젊음의 젊음이었"다. "이제는 비낄 것도 쫓을 것도 없"는 나이가 된 것이다. 나이듦은 그만큼 원숙미를 가지고 있다는 의미이다. 나이 듦을 통해 한 발자국 뒤에서 통찰할 수 있고 그만큼 객관적으로 사물을 바라볼 수 있는 혜안을 가질 수 있게 된다. 나이 듦은 젊음의 거울이기도 하다.

　「겹받침 글자의 풍경·6-ㄼ(넓다/ 얇다)」에서도 실험은 계속 이어진다. 이 시는 넓은 것과 얇은 것에 대해 이야기한다. 인간은 보편적으로 좁은 공간에 갇힌 것보다는 시야가 확 트인 넓은 공간을 추구한다. 하지만 "사람과 사람 사이"의 관계라면 경우가 달라진다. "누굴 미워하는

맘"이 두꺼워진다면 의미가 달라지는 것이다. 만약 미워하는 마음이 얇아진다면 "얇아서 서러울 일"은 없어지게 된다. 인간의 여러 가지 감정 중 누군가를 미워하는 마음에 대해 경각심을 일깨워주고 있다.

시조는 짧지만 전달하고자 하는 의미가 압축되어 나타난다. 특히 현대시조는 다양한 주제의식을 전달한다. 그만큼 현대인들의 삶이 복잡하기 때문이다. 문무학 시인은 현대인들의 삶을 놓치지 않고 첨예한 시선으로 들여다보고자 한다. 그 시선 속에서 보편적인 인간의 삶을 놓치지 않고 성찰한다.

주제의식뿐만 아니라 형식적인 측면에서도 실험을 이어나간다. 시조의 형식을 활용하여 끊임없이 새로운 실험에 도전한다. 말의 재미를 살리면서 말의 힘을 믿는 시인이 바로 문무학 시인이다. 말의 힘은 언어를 다루는 시인의 진정성에서 비롯된다. 문무학 시인은 말이 가지고 있는 재미와 삶의 내적 진실을 모두 다 살리고 있는 시인이라 할 수 있겠다.

즉 문무학 시인은 시조의 전통성을 계승하면서도 현대성을 놓치지 않고 있다. 사물을 바라보는 깊이 있는 시선을 통해 삶의 본질을 성찰하고자 한다. 더불어 현대적인 어법으로 새롭게 재해석한 단어와 문장부호를 통해 보편적인 공감대를 형성하고 있다. 이러한 새로운 형식의 도입은 언어를 다루는 이들에게 뿐만 아니라 읽는 이로 하여금 신선한 충격을 안겨준다.

고독한 기표의 의미 확장
— 김미진론

언어는 소리와 의미로 나누어진다. 스위스 언어학자 소쉬르는 이를 기표와 기의로 구분하였다. 기표(시니피앙, signifiant)는 표시하는 것을 뜻하고, 기의(시니피에, signifie)는 표시된 것 즉, 의미를 뜻한다. 시인은 기표 안에 감추어진 새로운 의미를 창출하는 사람이다. 소리도 중요하지만, 소리 안에 내포되어 있는 나와 세계와의 관계 혹은 자신의 내면을 면밀하게 파헤치는 역할을 하는 것이 시인의 소명이다. 김미진 시인 역시 그러하다. 김미진 시인은 2020년 『월간문학』 시조부문 신인상을 수상하며 작품활동을 시작하였다. 김미진 시인은 소리를 통해 발견할 수 있는 일반적인 정보 즉 소리가 주는 공통의 의미를 넘어, 인간의 보편적 진리를 발현하고자 한다. 인간은 인간 너머에 있는 미지의 세계가 아니라, 지금 이곳 우리가 살아가는 보편적인 인간의 세계를 지향한다. 지금 이곳의 세계에는 기쁨, 슬픔, 용기, 분노, 고통 등 많은 감정이 교차되는 곳이다. 시인은 이러한 감정을 기꺼이 수용하여 앞으로 인간이 나아가야 할 방향에 대해 탐구하고자 한다.

일상

오븐에 빵을 넣고 네 입술을 생각한다

파이 한 입 베어 문 3.141592…무한한 맛

점선과 실선 사이 먼, 밀밭에서 오고 있는

널 향해 달리느라 내 발은 숯덩이처럼

뜨겁다, 화덕피자처럼 바싹 구워진 들판

그을음 밑변이 되어 부풀 대로 부푸는

영화 속 연인들 한 모금의 키스처럼

꿈결일까, 자울자울 흘러드는 사과 향

달콤한 모서리 접어 아침 식탁을 완성한다

— 김미진, 「빵의 전개도」 전문

「빵의 전개도」는 총 세 개의 수로 이루어진 연시조이다. 이 시를 통해 시각과 촉각, 후각의 감각을 통한 시인의 상상력의 진폭을 확인할 수 있다. 전개도는 입체의 표면을 한 평면 위에 펴 놓은 모양을 나타낸 그림을 뜻한다. 위의 시에서 시인은 '빵'이라는 소재를 종이 위에 펼쳐 놓고 그림을 그리고 있다. 그 그림 안에는 잘 차려진 식탁과, 식탁 위에 음식이 놓이기까지 화자의 바쁜 시간들이 시인의 상상력을 만나 거침없이 구사되고 있다. 즉, '빵'과 원주율의 '파이(π)' 이미지가 "점선과 실선"을 만나 자연스럽게 독자를 아침 식탁 위로 데려간다.

시 속의 화자는 "아침 식탁을 완성"하기 위해 "오븐에 빵을 넣"는다. 빵이 구워질 동안 "네 입술"과 "파이 한 입 베어 문 3.141592… 무한한 맛"을 생각한다. "먼, 밀밭에서 오고 있는" 너를 "향해 달리느라" 시인의 "발은 숯덩이처럼// 뜨겁다". 이 뜨거운 시간을 견뎌내는 이유는 정성스러운 식탁에 앉을 가족들이 있기 때문이다. 화자는 시간에 쫓겨 아무리 바쁘더라도 "달콤한 모서리 접어 아침 식탁을 완성"하고야 만다.

화자는 "부풀 대로 부푸는" 오븐 속 빵을 보며 "영화 속 연인들 한 모금의 키스"를 생각한다. 아침 식탁이 완성되어 가는 중 화자는 잠깐 상상을 하는 것이다. 하지만 상상은 오래가지 못하고, 다시 식탁으로 귀환된다. 이는 상상은 상상일 뿐, 다시 일상으로 회귀함을 뜻한다. 상상으로부터 복귀하고 일상을 회복하며 완성되는 식탁 위의 따뜻함이 전해지는 순간이다. 하루하루 바쁘지만 가족을 위해 살아가고 있는 현대 여성들이 모습이 잘 나타나 있다.

노을이 질 무렵 눈 뜨는 가로등처럼

어둠이 지는 아침, 나는 두 눈을 켠다

시간이

나와 가로등 사이를

행인처럼 오간다

　　　　　　　　　　　　　　— 김미진, 「트랙」 전문

　트랙은 경기장에서 경기하기 위해 설치된 코스이다. 현대인들은 자
신도 모르는 사이 자신의 삶을 트랙 위에 올려놓고 다른 사람들과 경
쟁을 하며 살아간다. 자신에게 좀 더 유리한 트랙은 어디인지, 앞서거
니 뒷서거니 하는 사람들을 물리치고 갈 수 있는 방편은 무엇인지에
대해 골몰한다. 물론 본인이 원하지 않았는데 트랙 위에 올려진 경우도
있을 것이다.

　위의 시 역시 '트랙' 위에 올려진 현대인의 삶의 모습을 보여주고 있
다. 하지만 이 시에서 시인이 바라보는 트랙은 경쟁 구도의 트랙보다는,
일상에 지쳐 있는 현대인의 단면을 보여주고자 한다. 혼자 가면 빨리
갈 수 있지만, 같이 가면 멀리 간다는 말이 있다. 트랙 위에서 앞만 향해
나아가는 것보다, 나의 앞에 높인 사람도 그리고 나의 뒤에 있는 사람
도 돌아볼 줄 아는 여유가 필요할 것이다. 오늘도 많은 현대인들은 자

신의 삶을 '트랙' 위에 올려놓고 전력 질주하고 있을 것이다. 하지만 내가 앞만 보고 가면서 놓친 것은 무엇인지, 현재를 돌아볼 수 있는 지혜 또한 필요하다.

계절이 가고 시간이 흐르는 것처럼 화자인 시인은 "노을이 질 무렵 눈 뜨는 가로등처럼/ 어둠이 지는 아침" 두 눈을 뜬다. 밤이 되면 잠을 자고, 아침이 되면 눈을 떠 다시 일상으로 돌아간다. 이처럼 반복되는 일상 속에서, 시인과 "가로등 사이를" 시간이 "행인처럼" 오가고 있다. 그저 길을 가는 사람처럼 아무렇지 않게 시간이 지나가고 있는 것이다. 이러한 무료하면서도 지쳐 있는 이미지를 '노을-가로등-어둠-아침'에 자연스럽게 연결하여 트랙 위에서 여전히 반복되고 있는 일상을 잘 형상화하여 보여주고 있다.

비가 종일 내려서
나무처럼 심어진 날

발가락 뿌리내려
목젖까지 젖었네

잎마다 활짝 핀 눈물
제 마음껏 쏟아져

— 김미진, 「위로」 전문

사회가 복잡해질수록 인간의 내면 또한 복잡해지기 마련이다. 이러한 복잡해진 내면을 시조의 현대성을 유지하며 잘 드러내기 위해 내용적인 측면과 형식적인 측면에서 많은 노력들이 이루어지고 있다. 위의 시는 초장·중장·종장의 3장 6구 45자 내외라는 시조의 고유한 율격을 유지하며 이러한 내면 심리를 면밀하게 보여주고 있다. 비 내리는 풍경 묘사를 통해 '위로'의 힘을 보여준다. 비는 하늘에서 지상으로 하강하는 이미지이다. 따라서 슬픔과 눈물을 의미하거나, 부패한 것들을 정화시키는 힘과 생명력을 뜻한다. 「위로」에서는 비와 눈물의 의미를 중첩하여 '슬픔'과 '생명력'의 이미지로 보여주고 있다.

"비가 종일 내려서/ 나무처럼 심어진 날" 발가락은 뿌리를 내렸다. 뿌리를 내렸다는 것은 양분을 흡수하여 생명력을 유지할 수 있음을 의미한다. 이와 같이 생명력을 유지하는 부분은 "잎마다 활짝 핀 눈물"로 형상화되어 있다. 이는 곧 나뭇잎마다 빗방울이 맺혀 삶을 지속시켜 나가는 것을 뜻함과 동시에, 이러한 생명력을 유지하기 위한 고난과 역경을 헤쳐나가는 것을 뜻하기도 한다. 마침내 화자는 "제 마음껏 쏟아"지는 것들로부터 마음의 안식을 되찾고 일상의 삶을 통해 위로를 받는 것이다.

관계

아래, 위에는 없는

받침이

바닥에 있다

손등과 손바닥 발등과 발바닥처럼, 내가 네 등 뒤에서 흘린 눈
물이 가벼워져 공중에서 네게 닿을 거리를 점치다가 아, 오늘은
너무 지쳐 무릎이 접힐 때 의자처럼, 엉덩이를 떡 받쳐주는 받침
의 힘

돌아온

눈물의 밑바닥

소금처럼 단단해

— 김미진, 「바다 사설(私說)」 전문

위의 시는 중장이 길어진 사설 시조의 형태로 구성되어 있다. 사설
시조는 내적으로 주제의식을 선명하게 표출할 수 있고, 외적으로는 시
인의 세계에 대한 인식을 엿볼 수 있다. 이 시에서 시인은 '바닥'이라는
사물의 재현을 통해 자신과 세계와의 관계 속에서 삶을 통찰하고자
한다. 더불어 '받침'이라는 기표를 통해 시인은 실제 받침의 의미와 인
생의 받침이라는 두 가지의 의미를 창출해내고 있다.

바닥에 "아래, 위에는 없는/ 받침이" 놓여 있다. "손등과 손바닥 발등
과 발바닥처럼" 각각의 단어에 받침이 있듯, 우리의 삶에도 받침이 있

다. 단어를 받쳐주는 받침이 있어야 또 다른 의미를 부여할 수 있는 것처럼, 받침이 필요한 누군가를 위해 든든한 받침이 되어주는 삶도 존재하는 것이다. 수국을 생각해보자. 많은 사람들이 꽃인 줄 알지만, 사실 사람들이 예쁜 꽃이라고 생각하는 부분은 꽃이 아니라 수국 꽃받침이다. 꽃받침 속에 아주 작은 꽃이 숨어 있다. 즉 수국은 꽃받침이 모여 꽃처럼 보이는 것이다. 작은 꽃을 받치고 있는 꽃받침이 있으므로 꽃이 더 빛나게 된다. 이렇게 본다면 누군가의 삶에 도움이 되는 받침의 삶 또한 고귀하며, 받침이 역할 또한 중요하다.

살아가면서 삶이 바닥이라고 느껴지는 순간들이 있다. 하지만 삶에 늘 바닥만 존재하는 것은 아니며, 바닥이 꼭 나쁜 것만은 아니다. 오히려 바닥일 때 더 선명하게 보이는 것들이 있다. 평범하다고 생각했던 일상들이 소중하다는 점, 빠져나갈 앞이 보이지 않는 끝없는 절망감이 밀려오지만 그럼에도 불구하고 자신을 위하는 사람이 있다는 점 등등. 이러한 바닥이 있으므로 인해 바닥을 발판 삼아 더 멀리 나아갈 수 있게 된다. "오늘은 너무 지쳐 무릎이 접힐 때 의자처럼, 엉덩이를 떡 받쳐주는 받침의 힘"이 있기 때문에 우리는 다시 일어설 수 있다. 모든 고난과 시련을 이겨 내고 "눈물의 밑바닥"을 마주하고 나면 "소금처럼 단단해"질 수 있을 것이다.

끈―먼저였을까 끊다―먼저였을까

명품은 품이 들어 살뜰히 쌓이는 소품

무기한 머물 수 없어 보따리를 묶는다

질끈 동였다가 끈이 얼러 다시 풀 때
심줄도 당겼다 푼다 파르르 떠는 심금

빈 벽에
끊어-놓은 애
벼랑처럼
가
　파
　　르
　　　고

꾹 눌린 격한 숨은 모음으로 끊어 읽기!
되풀이 풀지 못한 네 마음은 어쩌나, 참?
구름 밖 실버 라이닝* 끊어질 듯 에우는

*실버 라이닝(silver lining): 구름이 해를 가릴 때 가장자리가 환
하게 빛나는 현상. 역경 뒤에는 희망이 있다는 관용적 표현. 존 밀
턴이 '코머스(Comus)'에서 쓴 시구에서 처음 사용.

'끈'이 먼저일까. '끊다'가 먼저일까. 이 시에서 끈은 단순히 물건을 묶기 위한 도구이기도 하지만, 인간과 인간을 연결해주는 관계로도 작용한다. 아닌 것 같지만 대부분의 인간과 인간 사이는 보이지 않는 끈으로 연결되어 있다. 물건을 묶었던 끈이든, 인간 사이의 끈이든 단단히 묶인 끈은 끊기보다 잘 풀어야 한다.

시 속 화자 역시 그러하다. 화자는 "무기한 머물 수 없어 보따리를" 끈으로 묶는다. "질끈 동였다가 끈이 얼러 다시 풀 때/ 심줄도 당겼다" 풀어야 한다. 물론 끈이 잘 풀리지 않아 싹둑 자른 후 새로운 끈을 붙일 수도 있겠지만, 이때의 끈은 본래의 끈은 아닐 것이다. 이는 사람과 사람 사이의 관계에서도 마찬가지이다. 자신의 의지와 상관없이 의도하지 않게 단단히 묶여버린 관계의 끈이 있다. 엉킨 실타래처럼 엉클어진 끈을 잘 얼러서 하나하나 풀어가는 것 또한 삶의 일부이다. 이러한 매듭을 잘 풀어야 오랜 관계를 유지할 수 있을 것이다. "빈 벽에/ 끊어-놓은 애"가 벼랑처럼 가파르게 놓여 있는 부분이 위태로운 관계들의 파편을 잘 보여준다.

"되풀이 풀지 못한 네 마음은" 어찌해야 할까. 그럼에도 불구하고 살아가는 것이 우리의 삶이기도 하다. 여기에서 포기하기에는 이르다. 역경 뒤에는 반드시 희망이 따라오기 때문이다. 구름 뒤에 해가 있을 때

구름 가장자리에 나타나는 빛을 실버 라이닝이라고 한다. 즉, 실버 라이닝은 고난 뒤에 찾아오는 희망을 의미한다. 언제고 찾아올 "실버 라이닝"을 위해 우리는 오늘도 한 걸음 앞을 향해 나아가고 있다.

시인은 언어를 다루는 사람이다. 특히 시조는 이 언어를 율격에 맞추어 자신의 내면 혹은 나와 세계와의 관계를 드러내야 한다. 시조의 쓰기 방식은 시인 각자의 몫일 수밖에 없다. 무엇을 어떻게 표현할 것인지는 끊임없이 고민해야 할 사항이다. 김미진 시인은 엄격한 율격 속에서도 음절 수를 자유자재로 넘나들며 자신만의 언어를 구사하고자 한다. 즉 언어에 자유롭지 못하면서도, 이 언어로부터 자유롭고자 하는 시인이 김미진 시인이다. 여기에서는 김미진 시인이 보여주고자 했던 일상의 모습과 세계와 조우하는 모습에 대해 살펴보았다. 김미진 시인은 일상의 미세한 틈도 놓치지 않고 성실하게 들여다본다. 그 틈에 놓여 있는 작은 소리에도 귀 기울여 의미를 부여하고자 한다. 눈에 보이는 사물 자체를 포착함과 동시에 여기에 자신의 사유를 덧붙여 또다른 새로운 의미를 보여준다. 이 글이 김미진의 시를 읽는 독자들로 하여금 방향성을 잡아주는 길라잡이가 되었으면 한다.

일상을 통해 들여다보는 섬세한 시선
― 황순희론

황순희 시인은 2019년 《시조시학》에 등단하여 작품활동을 시작하였다. 시조집으로 『아가미가 그을었다』가 있다. 황순희 시인은 일상을 무심코 지나쳐 버리는 것이 아니라, 주위에 대해 세심한 관심을 기울인다. 현실에 대한 관심과 애정이 시조의 정형성을 만나 시조미학을 더욱 상승시키고 있다.

현대사회는 빠르게 변화한다. 빠른 변화 가운데 놓여 있는 인간은, 외롭고 고독한 존재임과 동시에 소외된 존재이기도 하다. 황순희 시인은 소외된 인간의 이면을 들여다보고 그들의 편에서 이야기하고자 한다. 보이지 않는 세상 낮은 곳에 존재하는 이들의 마음을 대변해주고자 하는 것이다. 사회의 구조 속에서 보호받지 못하고 사각지대에 놓여 있는 소외된 사람들의 편에서 나지막이 귀를 기울인다.

또한 자연과 인간의 공존에 대해 이야기하기도 한다. 편리함을 추구하는 인간의 욕망이 자연의 파괴를 불러일으켰고, 인간과 자연의 균형이 점점 무너져가고 있다. 오랜 시간 유지해 온 자연과 인간의 균형이 있었기에 인간의 삶이 더 윤택하게 이루어졌다는 것을 시인은 잘 알고 있다. 자연과 인간의 순환적 관계에 대해 주의 깊게 들여다보고 서로 상생하고는 법을 모색하고자 한다.

상생

벽지를 할퀴었다 손톱 뿌리 차마 붉다

기억은 꽃잎처럼 와락 지지 않았는데

이 몹쓸 이별하는 일 사랑일까 그래도

바람의 발목 위로 마른 울음 서걱대고

남은 건 만신창이 그 내력이 흥건하다

이 몹쓸 이별하는 일 사랑일 거야 그것도

시간은 해어져서 넝마같이 뒹구는 날

이제는 너를 벗는다 흔들려도 버텨야 해

이 몹쓸 이별하는 일 사랑이다 그러니깐

― 황순희, 「벚나무 벗다」 전문

　현대사회는 만남과 헤어짐이 공존하는 곳이다. 하지만 이별하는 일
은 늘 어렵다. 이별이 다가오는 순간을 알고 있다고 하더라도, 혹은 준
비 없는 갑작스러운 이별이라고 하더라도, 익숙하지 않은 이별의 순간
은 고통을 수반한다. 이별의 원인과 종류는 다양하지만, 이별해야 하

는 상황에 직면하는 순간은 슬프고 쓸쓸하다. 이러한 이별은 인간사에만 존재하는 것은 아니다. 이별은 자연의 일이기도 하다.

시 속 화자는 어느 날 "벽지를 할퀴었"는데 손톱 뿌리가 붉어짐을 발견하게 된다. 붉어진 손톱 뿌리에서 사랑하고 이별하는, 이별하고 사랑하는 자연의 이치를 읽어낸다. "기억은 꽃잎처럼 와락 지지 않"고, "바람의 발목 위로 마른 울음 서걱대고", "시간은 해어져서 넝마같이 뒹구는 날"이더라도 "이별하는 일 사랑"이기 때문에 "흔들려도 버텨야" 함을 시인은 알고 있다.

한겨울 벚나무는 나뭇잎 한 장 매달지 않은 채 앙상한 나뭇가지로 모진 눈바람을 견뎌낸다. 이 견딤의 시간이 지나고 나면 찾아올 환희와 기쁨을 알기 때문이다. 겨울이 지나고 봄이 오면 꽃을 피우게 된다. 꽃이 피고, 꽃이 지고, 낙엽이 물들었다 떨어지고, 앙상하게 겨울을 보내고 나면 곧 다시 꽃을 볼 수 있는 날이 찾아올 것이다.

자연의 순환은 인간의 삶과 밀접하게 연결되어 있다. 자연은 일정 시간이 지나면 변화를 통해 성장과 발전을 하게 된다. 즉 봄에 싹이 나고, 가을에 수확을 하여, 텅 빈 겨울을 보내고 나면 다시 봄이 찾아온다. 이러한 자연이 건강해야 인간의 삶 또한 건강할 수 있다. 따라서 자연과 인간은 서로 상생하는 관계이다. 서로가 서로에게 버팀목이 되어 주는 상호보완적 관계인 셈이다. 서로가 지배하려는 대상이 되지 않고, 사랑도 그리고 이별도 자연스럽게 받아들여 준다면 "만신창이" 그 이후, 보다 더 환한 순간을 맞이할 수 있을 것이다.

포개진 다랭이마을 계단이 풍금 친다

등고선 지겟길로 빈 젖 물린 바다 지고

논배미 산으로 간다 허기로 축대 쌓아

귀 얇은 바람살에 목줄 맨 삿갓배미

파도는 눈치 없이 어망만 아작대고

빈 쌀독 채운 보름달 부푼 가난 고봉이다

얼마나 간절하면 그 귀한 밥 묻었을까

헛된 욕(慾) 핥아대는 설익은 혀 순장한다

숨찬 새 날개를 꺾어 고단한 밥 안친다

*음력 10월 15일 저녁 풍요를 기원하는 동제를 지낸 후 제삿밥
을 묻어두는 곳

― 황순희, 「밥무덤*-남해가천마을」 전문

시 속의 공간은 남해 가천마을이다. 남해 가천 다랑논은 산간 지역
에서 벼농사를 짓기 위해 산비탈을 깎아 만든 곳이다. 먹을 것이 귀해
어렵던 시절 산간 지역에서 벼농사를 짓기 위한 선조들의 지혜가 엿보
이는 곳이다. 다랭이마을 사람들은 벼농사가 어려운 지리적 특성상 마

을의 안녕과 풍요를 가져오기 위해 밥무덤이라는 전통제례인 동제를 지내고 있다. 사람들은 제사를 지낸 밥을 한지에 싸서 밥무덤에 묻어 둔다. 이는 쌀밥을 땅속에 넣어 땅의 신에게 바침으로써 땅의 풍요를 기원하는 것이다. 밥무덤이 일 년 동안 마을을 지켜주는 수호신 역할을 하는 것이다.

'빈 젖 물린 바다와 허기로 쌓은 축대, 눈치 없는 파도, 빈 쌀독 채운 보름달, 부푼 가난, 헛된 욕망 핥아대는 설익은 혀, 숨찬 새의 날개'의 이미지가 배고픔을 견뎌야 하는 절망적인 상황을 여실히 보여준다. 하지만 이들은 아무리 배가 고파도 자연을 위협하지 않고, 이에 순응하는 편을 선택하였다. 가파른 언덕을 깎아내는 대신 "삿갓배미"를 만들었고, "파도는 눈치 없이 어망만 아작대"었지만 바다를 탓하지 않았다. 간절한 마음을 담아 동제를 지냈고, 제삿밥을 묻었다.

생활

> 역무원 단속 피해 무임승차 고무장갑
> 한 켤레 3천 원 두 켤레 5천 원요
> 더듬고 어눌한 몸짓
> 꽃무늬가 떨린다

세상을 한쪽으로 짚고 사는 젊은 사내

용기였다 구석이 몸 일으켜 서기까지

좋아요 잡상인 되어

목구멍에 숨는 말

묵은 집 거미줄 같던 시선들 달싹이고

풀 죽은 장갑꽃이 빼꼼히 실눈 뜬다

허공에 기지개 펴는

꽃다대가 환하다

— 황순희,「장갑꽃이 피다」전문

    세상의 낮을 곳을 살피는 것은 어쩌면 시인의 소명일지 모른다. 황순희 시인의 시선 역시 낮을 곳을 향해 있다. 현대사회는 물질적으로도 정신적으로도 빠르게 변화해 가고 있다. 빠르게 변화해 가는 현실을 살아가는 사람들의 모습은 다양하다. 그 다양성 중 이 시에 제시된 등장인물은 온전하지 못한 신체로 힘겨운 삶을 살아가고 있는 사람이다. "세상을 한쪽으로 짚고" 산다는 부분에서 신체가 건강하지 못하다는 것을 암시하고 있다.

    남들과 다른 시선으로 세상을 살아가는 사내에게 "몸 일으켜 서기까지"는 "용기"가 필요하였다. 역무원의 단속을 피해 젊은 사내와 함께 "무임승차"한 고무장갑은 "한 켤레 3천 원 두 켤레 5천 원"이다. "더듬고 어눌한 몸짓"에 고무장갑에 그려진 "꽃무늬가 떨린다". 세상을 향해 전하지 못한 말들이 많은데, 말들은 자꾸 목구멍에 숨고 만다. "묵은 집 거미줄 같던 시선들 달싹이고" 팔리지 않은 "풀 죽은 장갑꽃이 빼꼼히 실눈"을 뜬다.

"허공에 기지개 펴는/ 꽃다대가 환하다"는 것은 흔들리는 지하철 안에서 누군가 젊은 사내에게 장갑을 사주었다는 것을 의미한다. 더듬거리고 어눌한 몸짓이지만 그의 용기가 빛을 발하는 순간이다. 이는 곧 장갑을 꽃에 비유하여 이 젊은 사내에게도 꽃 피울 수 있는 날이 도래하였으면 하는 시인의 바람을 투영되어 있다고도 볼 수 있겠다.

꽃다대는 꽃받침을 뜻한다. 꽃받침은 대부분 꽃이 핀 후 꽃잎을 지탱해주는 역할을 한다. 이와 더불어 꽃눈이 발생할 때 이를 보호하는 기능을 하기도 하고, 꽃의 개화를 유도하기도 한다. 꽃에도 받침이 있어 꽃이 더 환하게 피울 수 있도록 받쳐주는 것처럼, 시인 역시 기꺼이 세상의 낮은 곳에 존재하는 사람들의 받침이 되고자 한다. 젊은 사내에게 이 세상은 '잡상인'에 그치는 것이 아니라, 활짝 핀 꽃들이 만개하는 세상이 되었으면 하는 시인의 따듯한 시선을 엿볼 수 있다.

　　　수채의 구멍에 낀
　　　머리채를 꺼내었다

　　　보풀과 뒤엉킨 채

긴 밤이 딸려 오고

효수된
잠의 뿌리가
총총하게 걸렸다

나에게 떨어져 간
생각을 수습한다

불면한 시간들이
맨발로 배회하고

한밤의
머리를 자른다
난립문자 뒹군다

　　　　　　　　　　— 황순희, 「머리를 자르다」 전문

　　삶의 일상 곳곳이 시인에게는 시가 된다. 욕실 수챗구멍에 머리카락
이 뭉쳐 있다. 시 속의 화자인 시인은 뭉쳐 있는 머리채를 꺼낸다. 머리
채와 함께 "보풀과 뒤엉킨 채/ 긴 밤이 딸려" 나온다. 긴 밤 시인은 무엇

을 하였을까. 쉽게 잠 못 이루는 밤은 길게 느껴진다. 특히 자고 싶은데 잘 수 없는 불면의 밤이라면 더욱 그러할 것이다. 하지만 시인은 잠 못 이루는 밤 일부러 잠을 청하지 않는다. 잠 대신 "생각을 수습"하고, 이 생각은 한 편의 시로 탄생하기에 이른다.

죄인의 목을 베어 높은 곳에 매달아 놓았던 것처럼 "잠의 뿌리가/ 총총하게" 걸려 있다. 화자는 그간 자신에게서 떨어져 나간 생각들을 수습한다. 잠 못 이루던 시간들이 "맨발로 배회"한다. 신발을 신지 않고 날 것의 상태 그대로, 맨발의 시간을 맞이한 시인은 기꺼이 이리저리 돌아다니다 결국 머리를 자르는 방편을 선택한다. 긴긴밤 잠 못 이루며 고민한 흔적들이 난립 문자로 남아 질서 없이 여기저기 뒹군다. 불면의 밤 또한 일상이고, 일상을 헤쳐나가는 것 역시 시인이 해야 할 몫이다. 잠 못 이루는 밤 혼돈은 찾아오지만 이 긴 밤이 지나가고 나면 또 아침이 올 것이다. 난립 문자이기는 하지만 희망을 놓을 수 없는 이 유이기도 하다.

허물만 남기고 간
그녀는 매미였다

기도하듯 주문 외듯
찰나를 타오르던

여름을 다 삼키고도

더 뜨겁고 싶은 혀

― 황순희, 「칸나」 전문

단시조로 되어 있는 이 시는 짧지만 강렬한 인상을 준다. 칸나는 6월 초여름부터 가을까지 피는 꽃으로 노란색, 주황색, 흰색, 분홍색, 붉은색 등 여러 가지로 핀다. 존경과 정열, 해피엔딩, 행복한 종말을 의미한다. 이 시 속의 칸나는 여름이 시작되는 찰나의 정열적인 모습을 보여주고 있다. "기도하듯 주문 외듯/ 찰나를 타오르던", "여름을 다 삼키고도/ 더 뜨겁고 싶은" 그 정열이 붉게 물드는 듯하다.

칸나에는 전설이 전해 내려온다. 옛날 인도에 질투가 많은 네와다드가 살았다. 어느 날, 고타마 싯다르타가 높은 법력(法力)으로 사람들 사이에서 유명해지자 네와다드는 질투가 나기 시작하였다. 질투심에 사로잡힌 네와다드는 결국 싯다르타를 해치려고 마음먹고, 언덕에 올라가 싯다르타가 지나갈 때 큰 바위를 굴려 죽이려고 했다. 아무것도 모르는 싯다르타가 언덕 아래를 지나가자 네와다드는 큰 바위를 굴렸다. 바위는 싯다르타 발아래서 부서졌고, 파편이 싯다르타의 발등에 맞아 붉은 피가 흘렀다. 이 붉은 피가 있던 땅에서는 붉은색 꽃이 피어났는데, 그 꽃이 칸나이다. 이러한 강렬함이 6월 더위가 찾아올 즈음 피기 시작하는 칸나의 정열과 닮아 있다.

삶의 전반에 대한 깊이 있는 천착은 시 속 이미지를 더욱 풍요롭게 해준다. 시조는 언어를 절제하여 삶의 실존을 들여다보는 고도의 언어 미학을 가지고 있다. 황순희 시인은 언어를 미학적 측면에서 들여다보며 자신이 세계를 보여주고자 하였다. 삶을 들여다보고, 언어를 통해 일상을 이끌어 가는 힘의 균형은 시인의 시 세계가 그만큼 견고하다는 것을 증명한다. 지금까지 압축과 생략, 절제를 통해 여백의 미학을 마련하여 진정성 있게 현대인의 삶을 성찰하고 있는 황순희 시인의 시를 살펴보았다.

숲속을 지키는 작은 말들의 발화
— 김태경론

　김태경 시인의 이야기는 숲에서 시작되어 숲에서 마무리된다. 숲이라는 자연적 요소가 기저에 있다면 그 위에 언어의 은유, 즉 언어가 가지고 있는 힘이 위치하고 있다. 시인은 말을 매개로 하여 자아와 세계에서 혹은 자아와 자아 사이에서 고뇌한다. 그 고뇌는 아직 지켜야 할 것들이 있기 때문에 비롯된다. 사물이든 사상이든 일회성으로 빠르게 사라져가고 있는 현대사회에서 시인은 인간이 성장하는 동력인 언어가 가진 '말의 힘'을 지키고자 한다. 더불어 시인은 말의 힘을 제대로 발휘하지 못할 거라면 차라리 침묵을 택하라고 한다. 잘못 사용한 말은 한순간에 일상을 잃게 만든다. 가볍게 여긴 말의 사용으로 인해 불우와 조우하게 될지도 모른다. 시인이 지키고자 하는 말의 힘은 오늘날 우리가 살아가는 근간이 될 것이고, 우리를 바로 서게 할 발판이 될 것이다.

　　어제를 돌돌 말아 돌담 틈에 꽂아봐도

　　어차피 내 것 아닌 태양이지만 섬기고픈 새 빛을 가까이서 만

나는 건 나무들만 큰 가지와 많은 잎이 긴긴 어둠 만들어도 아름
다워 숙연해진 작은 말을 지키는 눈, 눈이 한 개 있거나 여러 개
달린 나무들 수천 개의 눈이 지키는 여린 숨에 입김 나고 눈을 보
는 눈은 오직 검은 말의 눈뿐이라서 보여도 보인다고 말할 수 없
는 입새 속에서

끝 모를
시선 어딘가에서
숲과 함께 밤이 자라도

— 김태경, 「숲」 전문

    화자인 시인이 위치한 곳은 숲이다. 숲에는 '돌담'도 있고 '태양'도 있
고 '나무'와 '작은 말'도 있다. 이처럼 숲의 세계에는 다양한 생명체들이
서로 상호의존하며 살아가고 있다. 태양이라는 "섬기고픈 새 빛을 가까
이서 만나는" "눈이 한 개 있거나 여러 개 달린" 나무들은 "수천 개의
눈"으로 "숙연해진 작은 말"과 "검은 말"을 지키고 있다. "끝 모를/ 시선
어딘가에서/ 숲과 함께 밤이 자라도" 말이다.

돌이 늙어 주름진 담
고목만큼 자라는 담

숲과 밤이 쌓았을 담 작은 말을 지키는 담 유일한 출구였던 파
란 문의 주인인 담 앙상한 말로서는 넘을 수 없는 높은 담 용기 내
어 넘으려면 말발굽이 걸리는 담 발목을 부러지게 만들 수 있는
잿빛 담 관리하는 문 옆에 커다란 코가 달린 담 말에게서 나는 냄
새를 곧잘 알아채는 담 낯선 향기가 나는 듯하면 문을 열고 막는
담 부서질 것 같은 말을 보살피려던 견고한 담 무엇을 지켜야 할
지 놓쳐버린 담담한 담

　　날 선 칼
　　말 등을 그을 때
　　피 냄새
　　맡지 못한 담

— 김태경,「담」전문

담은 이곳과 저곳의 경계를 만들어 보호하는 역할을 한다. 이곳과
저곳으로 공간을 분리하여 독립과 함께 보호의 기능을 하는 것이다.
아파트라는 공동주택이 대신하고 있는 현대사회에서는 담을 찾아보
기 힘들다. 담이 사라진 곳에는 곳곳에 CCTV가 설치되어 사람의 동
선을 일거수일투족 감시한다. 누가 누구를 좋아한다, 쓰레기 투기 금
지, 낙서 금지 등 저마다의 사연이 담겨 있던 담이 점점 사라지고 있다.
　그런데 여기 이곳에 '담'이 있다. 숲속에 있는 "돌이 늙어 주름진" 오

래된 담이다. "숲과 밤이 쌓았을" 이 담은 "앙상한 말로서는 넘을 수 없"다. "용기 내어 넘으려면 말발굽이 걸"려 "발목을 부러지게 만들 수"도 있다. 진실됨이 없는 앙상한 말은 타인으로 하여금 실망하게 만들고 분노하게 만든다. 때문에 자칫 함부로 내뱉은 말의 발굽에 걸려 발목이 부러지기도 하는 것이다.

담은 작지만 정도를 지키고 본질을 전달하는 소중한 말을 지키고자 한다. "관리하는 문 옆에 커다란 코가 달린" 담은 "말에게서 나는 냄새를 곧잘 알아"챈다. "낯선 향기가 나는 듯하면 문을 열고" 들어오지 못하게 막아내는 역할을 하고, "부서질 것 같은 말"은 보살피려고 노력한다. 그러다 어느 순간 담은 "무엇을 지켜야 할지 놓쳐버"린 상황에 도달한다. "날 선 칼"이 "말 등을 그을 때/ 피 냄새"를 "맡지 못한" 결과이다. 말이 온전한 말의 기능을 하지 못하도록 순기능과 역기능 모두를 담 안에 가두어버린 것이다. 담 안에 있는 작고 여린 말들을 지켜주리라 마음먹었지만 제대로 지켜주지 못하게 된다.

불타지 않는 불꽃이 작은 말 옆에 있지

말 타고 온 기억은 사람을 지우려고 담 안에 머물면서 불태우기 시작했어 가까이 가서 보면 불에 그을린 입술이… 높아져 간 잿더미는 입술들의 무덤이었어 입술을 태운다 해도 자모는 피어올라 유영하다 주인을 찾아가는 표적들을 말 잃은 앙상한 말이

유심히 지켜봤지 총알처럼 돌아간 기억이 이빨마저 깨부수는 걸
버리려 애를 쓸수록 더욱더 나빠지는 걸 되살아난 얼굴에 예전보
다 아파하는 걸 말발굽이 망가지도록 밟으며 불 끄려 해 타는 입
술 꺼내려던 말의 입이 그을리고…

불에서 건져낸 입술

앙다문 밤이

끝없지

— 김태경,「재」전문

　여기 입술들의 무덤이 있다. 말로 상대방을 속이는 입술은 결국 말
의 무덤인 셈이다. 주위를 둘러보면 말로 인해 상처받고 말로 인해 괴
로워하는 사람들이 많다. 우리는 어쩌면 말들로 인한 무덤의 세상을
살아가고 있는지도 모른다. 떠도는 말들, 근거 없는 말들, 말하기 좋아
하는 사람들이 만들어낸 가짜 말들. 세상을 올곧은 시선으로 바로 보
며 올바름을 인지하는 사람들이 필요한 시점이다. 말에는 그 사람의
내력이 고스란히 담겨 있다. 그 사람이 사용하는 말을 들어보면 그 사
람이 어떤 삶을 살아왔는지가 보인다. 그만큼 말에는 책임이 따른다.
　실제 경상북도 예천군에는 말 무덤이 있다. 이때의 말은 사람의 말
(言)로, 말 무덤을 한자로 하면 언총(言塚)이라고 한다. 말로 인해 갈등
과 불화가 생기니 말을 조심해야 한다는 의미에서 만들어진 무덤이다.

문제는 이러한 말 무덤이 우리 삶의 곳곳에도 필요하다는 것이다. 서로의 탓으로 돌리고, 상대방을 공격하기에만 급급한 말에 대한 반성이 필요하다.

"입술을 태운다 해도 자모는 피어"오르고 "주인을 찾아가는 표적들을 말 잃은 앙상한 말이 유심히 지켜"본다. 불을 끄려 하지만 입술은 타들어가고 오히려 "꺼내려던 말의 입이 그을리고" 만다. "불에서 건져낸 입술"이 "앙다문 밤이" 끝없이 이어지고 있다.

　　나뭇잎에 살 베이는 아픔을 아십니까

　　볼 수 없는 태양은 닿지 않는 신입니다 우람한 나무들은 작은 말의 우상입니다 검은 말은 푸른 말이 되고 싶었습니다 달리고 싶지 않아 움직이지 않았습니다 오는 손길에 가만히 있을 수 없습니다 손끝이 모두 따뜻한 건 아니지 않습니까 비수 같은 버들잎, 장검 같은 솔잎, 톱날 같은 가시나무잎, 식칼 같은 파초잎 … (사이) … 때로는 당신 손길도 여린 말을 베고 갑니다 몸 곳곳을 베이고 피가 멈추지 않습니다 어째서 말의 피는 푸른색이 아닙니까 돌담 안을 붉은 피로 더럽힐 수 없습니다 여린 말은 밤새 피가 맑아지도록 웁니다 피가 멈추면 몸은 쇠처럼 차가워집니다 벌어진 상처에서 푸른 녹이 생깁니다 앙상한 말은 말이기를 그만두고자 합니다 몸에서 검은 물이 줄줄 흘러내립니다 조금씩 투명해집

니다 머리부터 사라집니다

우는 이, 없길 바랍니다

깊은 침묵에 빠집니까

— 김태경, 「칼」 전문

날카롭지 않은 나뭇잎에도 살이 베인다. 베이고 난 후에 찾아오는 아픔은 피와 함께 고통을 동반한다. "푸른 말이 되고 싶었"던 검은 말은 "달리고 싶지 않아 움직이지 않았"지만, 오는 손길을 피할 수는 없다. 철저한 개인 중심의 사유로 인해 검은 말은 감사할 줄 알고 서로 다독일 줄 아는 푸른 말이 되기를 희망하였다. 하지만 "손끝이 모두 따뜻한 건 아니"다. "비수 같은 버들잎, 장검 같은 솔잎, 톱날 같은 가시나무 잎, 식칼 같은 파초잎" 그리고 "때로는 당신 손길도 여린 말을 베고" 간다. "몸 곳곳을 베이고 피가 멈추지" 않는다.

"돌담 안을 붉은 피로 더럽힐 수" 없기에 "여린 말은 밤새 피가 맑아지도록" 운다. 울음을 통해 스스로 정화하는 것이다. "피가 멈추면 몸은 쇠처럼 차가워"지고 "상처에서 푸른 녹이" 생긴다. 말이 쇠가 되었다는 것은 말의 기능을 상실하였음을 의미한다. "말은 말이기를 그만두고자" 할 때에야 비로소 "조금씩 투명해"져 "머리부터 사라"진다. 힘들게 애써서 자리를 지키는 것보다 사라지는 것을 선택한 것이다. 시인은 차라리 "깊은 침묵"을 지키고자 한다.

작은 말이 밤새 흘린 검은 피에 흙이 젖네요

　무덤 같던 검붉은 재가 하나둘 늘어가고 아침 햇살도 들지 않는 돌담 안이 고요해요 투명해진 말의 울음 바람처럼 지나갔나요 낫지 않는 병이래요 이번 생이 끝나도록 앙상한 말을 조금은 기억하리라는 오랜 착각, 착각을 바로 잡으려 느리게 땅을 파요 튼튼한 씨앗 대신 몇 알의 약을 넣고 숨느라 투명하게 사라진 말을 지키죠 봄이 와도 기대하던 싹이 나진 않아요

　인사는 못 하겠어요
　온몸으로 견디느라

                                    ─ 김태경, 「씨」 전문

　"작은 말이 밤새" "검은 피"를 흘리고 있다. "무덤 같던 검붉은 재"는 늘어가고, 돌담 안에는 "아침햇살도 들지 않"다. "이번 생이 끝나도록 앙상한 말을 조금은 기억하리라는" 것은 오랜 착각이다. "봄이 와도 기대하던 싹이 나진 않"겠지만, "튼튼한 씨앗 대신 몇 알의 약을 넣고" 땅을 느리게 판다. 그러면 "숨느라 투명하게 사라진 말"을 지킬 수 있을지도 모른다는 작은 희망과 함께 말이다.
　숲이 있고, 담이 있고, 재가 쌓이고, 칼에 베여도, 그럼에도 불구하고 씨가 남아 있다. 씨가 있다는 것은 아직 희망이 있다는 것을 함의한다.

봄이 와도 기대하던 싹이 나지는 않았지만, 아직 온몸으로 견디며 발화되기를 기다리는 중이니 희망이 전혀 없다고는 할 수 없을 것이다.

　숲의 언어는 순하다. 그리고 순수하다. 함부로 상대방을 비난하지도 않고 헐뜯지도 않는다. 서로 다독이며 오래 함께 가고자 한다. 도시에 사는 사람들이라면 한 번쯤은 푸른 숲에서 살아보는 것을 꿈꾸어 보았을 것이다. 누가 시키지 않아도 가만히 제 자리를 지키고 있는 나무의 고요함과 꽃의 아름다움, 충만한 열매, 스스로 빛을 발휘하는 태양. 생각만으로도 지친 마음에 위로가 된다. 나무와 꽃과 열매와 태양이 들려주는 숲의 언어는 스스로 빛을 낸다. 반면 도시의 언어는 삭막하다. 누군가를 밟고 올라서고, 철저히 자기중심적으로 생각하고, 나 아니면 안 된다는 아집이 삶을 피로하게 만들고 그저 소모하게 만든다. 이 소모성의 내부에는 자아가 존재한다.
　자아는 외부세계와 충돌하면서 본래의 맑고 순수한 모습을 유지하기 어렵게 된다. 태곳적 자아는 맑고 순수 그 자체였으나 세상과 만나 탁해지게 된다. 생활하다 보면 날 선 말로 인해 상처받는 경우가 왕왕 발생한다. 단어와 단어 사이, 문장과 문장 사이 행간의 의미를 제대로 전달하지 못하거나 혹은 제대로 이해하지 못하여 오해와 갈등이 일어난다. 말이 가지고 있는 기능도 태초에는 순수하였을 것이다. 낯선 세계와 날 선 상황들에 대처하다 보니 그 순수함이 점점 희미해져 간다. 이러한 순수한 자아 즉, 숲속의 작은 말을 지키는 것은 결국 시인 자신

이다. 시인으로서 언어를 다루는 스스로가 지켜야 할 자신과의 사투
이자 사회적 책무인 것이다. 김태경 시인의 시는 말과 침묵의 의미를 되
새기게 한다.

푸른 언어가 들려주는 삶의 균형

— 김현장론

    김현장 시인은 2022년 중앙일보 신춘시조상에 당선되어 작품활동을 시작하였다. 2020년 제12회 목포문학상 남도 작가상을 수상한 바 있다. 2023년에는 첫 시조집 『느루』를 발간하였다. 김현장 시인의 시를 관통하는 시어는 '푸르다'이다. 각각의 시편에 "푸른빛"(「겨울 아침에」), "푸른 눈"(「게르」), "쪽빛 하늘"(「빈집」), "푸른 문장"(「상처를 깁다」), "푸른 바탕"(「엇결」)의 이미지가 담겨 있다. 그렇다면 시인이 이러한 푸른 언어를 통해 보여주고자 하였던 것은 무엇일까.

    푸른색은 희망, 자유롭고 평등한 마음, 휴식, 안정 등을 의미한다. 김현장 시인이 보여주고자 하는 바도 희망과 자유, 휴식에의 의미이다. 현대인들의 삶은 지치고 힘겹지만 그럼에도 불구하고 희망이 있다는 것을 보여주고자 한 것이다. 김현장 시인이 보여주고자 하는 희망은 일상의 삶에서 찾고자 하는 균형에서 엿볼 수 있다. 일상의 삶과 내면을 조화롭게 잘 유지하는 것도 중요하다. 이에 시인은 텅 빈 집을 보면서도 삶을 읽어내고, 상처를 통해서도 삶의 의미를 읽어낸다.

    시는 시인이 시를 통해 드러내고자 하는 바를 직설적으로 이야기하지 않고 암시적으로 진술한다. 때문에 내적 의미는 은폐되어 겉으로 드러나지 않게 된다. 좋은 시는 은폐와 드러내기가 적절하게 균형을 이룰 때 제 면모를 보여주기 마련이다. 견고한 언어와 균형 잡힌 시조의 리듬을 통해 김현장 시인은 현대인들의 삶의 한 단면을 보여주고, 이를 통해 또 현대인들의 삶에 정신적 위안을 주고자 한다.

> 금기의 문장들 겨울 담을 넘어갑니다
> 물기 많은 무언의 바람 소리 방문 여닫고
> 결핍된 기억들마저 차갑게 말라갑니다
>
> 껍질뿐인 둥지 위 새살 돋듯 돋아나는
> 공평하게 지워져 간 슬픔의 시간들이
> 귀 안쪽 깊숙한 곳에서 공명처럼 울립니다
>
> 밤새 떨던 백구가 물고 온 아침 햇살
> 머뭇거리는 태양의 궁리를 바라보다
> 갈대숲 마른 덤불 사이 푸른빛을 퉁겨봅니다
>
> — 김현장, 「겨울 아침에」 전문

이 시에는 겨울 아침 풍경이 그려져 있다. 만물이 잠에서 깨어나 일상으로 복귀하는 아침이다. 겨울에는 "금기의 문장들 겨울 담을 넘어"가고, "물기 많은 무언의 바람 소리 방문 여닫"는다. "결핍된 기억들마저 차갑게 말라"갈 정도로 겨울의 추위는 매섭다. 이와 같이 첫째수에서 겨울의 속성에 대해 이야기한다면, 둘째수에서는 차가운 시간들을 견뎌나가는 모습을 보여주고 있다. "껍질뿐인 둥지 위 새살 돋듯" "슬픔의 시간들이" "공평하게 지워져"가고 있는 것이다. 늘 슬픔의 시간만 주어진다면 삶을 살아가는 일이 힘겨울 것이다. 이 슬픔의 시간들도 지나고 나면 삶의 마디가 되어 살아가는 원동력이 될 것이다.

셋째 수에서는 겨울밤, 밤새 밖에서 떨던 백구가 아침 햇살을 몰고 오는 장면이 그려져 있다. 햇살을 몰고 온다는 것은 겨울의 혹독한 추위와 슬픔, 괴로움 등에서 벗어나 주어진 삶을 더 지혜롭고 긍정적으로 바라보고자 하는 의미가 내포되어 있다. 이에 시인은 "머뭇거리는 태양의 궁리를 바라보다"가 "갈대숲 마른 덤불 사이 푸른빛을 퉁겨"본다.

시간의 경계를 지운 유목의 유전자가
초원 앞에 섭니다. 머리칼 헤집는 바람
습관성 탈골일까요?
손차양 끝
별을 봅니다

비스듬히 내려앉은 지구의 푸른 눈
초원 위 슬픈 중력이 뼈를 깎는 시간
남겨진 이야기들이

하얗게

날립니다

화석무늬 피어나는 저 단단한 대지에

초록의 얼굴로 앵글이 닫혀옵니다

내 몸에 피어나는 가시

빛살로

쏘는 아침

— 김현장, 「게르」 전문

    위의 시에서 시인이 위치하고 있는 곳은 몽골이다. 몽골에는 가축을 방목하여 목초지를 찾아다니며 이동하는 생활을 하는 유목민들이 있다. 유목민들은 주로 가축과 함께 초원이나 반사막지대에 거주한다. 이 유목민들이 거주하는 곳이 몽골의 전통 가옥인 게르이다. 게르는 구조가 단순하여 쉽게 분해하고 조립할 수 있어 이동 생활에 적합하다는 장점을 가지고 있어 몽골에서 많이 사용한다.

    "시간의 경계를 지운 유목의 유전자가" "머리칼 헤집는 바람"이 부는 "초원 앞에" 있다. 초원 위에는 유목민들의 "남겨진 이야기들이/ 하얗게" 날린다. 유목민들의 삶은 바라보는 입장에 따라 상대적으로 다르게 보인다. 길 위에서 생활할 수밖에 없고, 한곳에 정착하는 것이 아니라 가축을 따라 이동하는 불완전한 삶이라 생각할 수도 있다. 하지만 정주민들이 가축을 식량의 수단으로만 삼아 울타리를 치고 사육하는 것에 비한다면 또 다르게 해석되기도 한다. 유목민들은 가축들이 안내하는 길을 따라가고, 함께 공동체를 형성하기 때문이다. 점점 개인주의로 바뀌어가며 늘 바쁘게 움직이는 현대인들의 삶과는 대조적이다.

"손차양 끝／별", "지구의 푸른 눈", "초원 위 슬픔 중력이 뼈를 깎는 시간", "내 몸에 피어나는 가시／빛살로／쏘는 아침"의 시어를 따라가다 보면 어느새 몽골의 어느 초원 위에 있는 듯하다. 몽골의 초원 위에서 별을 바라보며 자신의 내력에 대해 성찰하는 시간들이 모여 햇살로 되비친다. 시인은 자신의 경험을 통해 몽골을 몽환적이면서도 현존에 뿌리를 내린 장소로 재해석하여 보여주고 있다.

쪽빛 하늘
마당에 내려와 서걱인다

모두 떠난
기와집
잡풀만 쑥쑥 자라

앙다문 널판 문 틈새로
다시 본다. 숨결을

—「빈집」 전문

많은 청년들이 일자리를 찾아 도시로 몰리면서 시골에 빈집이 많아졌다. 그러다 한때 역으로 귀농, 귀촌을 희망하는 사람들이 생겨나면서 시골 빈집들이 다수 채워지기는 하였으나 여전히 비어 있는 곳이 많다. 위의 시 「빈집」은 이처럼 텅 비어 있는 '빈집'에 시인의 공허한 내면을 이입하여 보여주고 있다.

시 속 배경이 되고 있는 빈집에는 텅 빈 마당에 잡풀만 무성할 뿐이다. 현재는 이 기와집에 살았던 사람들이 모두 떠나고 아무도 없는 것이다. 한때는 기와집 아래 많은 식구들이 함께 모여 생활하였을 것이나, 마당에 내려앉은 "쪽빛 하늘"과 "잡풀"만이 집을 지키고 있는 현재의 모습에서 쓸쓸함이 묻어난다.

하지만 시인은 "앙다문 널판 문 틈새로" 과거의 "숨결"을 "다시 본다". 미약하게나마 과거의 온기가 끊어질 듯 이어지고 있는 것이다. 이를 효과적으로 보여주기 위해 시인은 일반적인 문법 순서를 바꾸는 도치를 사용하여 셋째 수에서 '숨결'을 강조하고 있다. 빈집에 다시 온기가 돌기를 바라는 시인의 마음이 담겨 있기도 하다. 지금은 잡초만 있는 마당이지만 언젠가는 이 마당에서 많은 사람들이 다시 모여 "쪽빛 하늘"을 함께 바라볼 수 있는 날이 오기를 기대하고자 한다.

> 엊그제 난 상처 위 딱지가 앉았다
> 세균과 전쟁에서 승리한 백혈구에게
> 한 번쯤 정말 고맙다

말하고 싶은데

푸른 문장 사이로 완곡한 그늘이
균열된 담벼락처럼 길게 늘어서 있다
고요가 각질처럼 쌓여
아픔이 밀려오고

주름 접힌 발자국 모르는 척 따라가면
덜컹이며 흘러가는 네모난 시간들
칼 지난 물의 뼈 사이로
감쪽같이 사라지는

— 김현장, 「상처를 깁다」 전문

　상황과 크기에 따라 다르겠지만 상처가 나서 새살이 돋기까지는 시간이 다소 걸린다. 누구나 크고 작은 상처 한 번쯤은 생겨본 적이 있을 것이다. 시인에게도 상처는 피해갈 수 없는 사안이다. 엊그제 상처가 났지만 다행히 지금은 그 위에 "딱지가 앉았다". 백혈구가 "세균과 전쟁에서 승리한" 것이다. 이에 시인은 백혈구에게 "한 번쯤 정말 고맙다"고 "말하고 싶은데" 그러지 못하였다.
　"푸른 문장 사이로 완곡한 그늘이/ 균열된 담벼락처럼 길게 늘어서 있"기 때문이다. 그늘은 빛을 가려주어 안식을 취할 수 있도록 하는 역할을 한다. 시인에게도 그늘 즉, 쉼의 시간이 지나가면 다시 일어서는 원동력이 될 것이다. 따라서 시인은 "주름 접힌 발자국 모르는 척 따라가" 보고자 한다. 그러다 보면 언젠가는 "덜컹이며 흘러가는 네모난 시간들"이 "감쪽같이 사라지는" 날이 올 것이기 때문이다. 일상의 삶에서 발견된 어느 한 순간이 시인의 시선에 포착되어 한 편의 시가 되고 있다.

삶의 고삐 늦춰봐요
둥우릴 거부하며,
생이 편마모로 지워져 가고 있죠
몸에서 피는 단문의 말
거미줄에 넘어지죠

관계와 관계 사이
까칠한 목소리들
산채로 박리된 마음 허물 뒤 숨어들죠
휘어진 그 결을 따라
거친 호흡 돋아요

형태 잃은 무채색 구름
푸른 바탕에 해체돼도
날카로운 촉수에 앙상한 미소는 남죠

한겨울 마른 가지로

민무늬 숲을 이루죠

— 김현장,「엇결」전문

　대패질을 할 때 결이 매끄럽게 밀리는 쪽을 '순결'이라 하고, 거스러미가 일어나 엇나간 결을 '엇결'이라고 한다. 시인은 엇나가 있는 나무의 결을 인간관계에 비유하여 이야기하고 있다. 삶은 원하는 방향으로 나아갈 때도 있지만 예상하지 못하였던 방향으로 흘러가기도 한다. 자신의 의도와는 다르게 "관계와 관계 사이"에서 "까칠한 목소리들"과 대척해야 하기도 하는 것이다.

　시인은 이럴 경우에는 맞서서 대응하기보다는 한 걸음 물러나 "삶의 고삐 늦춰"보라고 권한다. "생이 펀마모로 지워져 가고" "몸에서 피는 단문의 말"은 거미줄에 걸려 넘어지더라도 여기에서 끝은 아닐 것이다. 희망이 없는 삶은 죽음과 다를 바 없다. 미래에 대한 희망은 셋째 수에서 발현된다. "날카로운 촉수에 앙상한 미소는" 남아 있기 마련이다. 이 미소는 "한겨울 마른 가지로"나마 "민무늬 숲을" 이루어 삶을 다시 이어나가게 할 것이다.

　김현장 시인의 시에는 일상에서 포착된 삶의 언어들이 담겨 있다. 시인은 이 삶의 언어를 통해 희망을 보여주고자 한다. 시는 언어를 매개로 하는 언어예술이다. 같은 의미를 가지고 있는 언어라고 하더라도 어떤 경우에는 시의 언어가 될 수 없다. 김현장 시인의 언어는 대상을 과학적으로 관찰하고 이해한 언어가 아니라, 대상을 순간적이고 직관적으로 통찰하여 얻은 깨달음을 바탕으로 하고 있다. 대상의 의미를 총체적으로 보여주는 시의 언어가 잘 구사되어 있기 때문에 독자들로 하여금 깨우침의 사유방식에 도달하도록 하고 있다. 물론 시조는 정형 미학이라는 점도 간과하지 않는다. 고도의 압축과 절제 속에서 삶의 진실을 보여주고 있다.

삶의 근원과 내면으로의 침잠
— 김수환론

　김수환 시인은 2013년 『시조시학』 신인상을 수상과 2018년 『경상일보』 신춘문예에 당선되며 작품활동을 시작하였다. 현재 '영언' 동인으로 활동하고 있다. 김수환 시인의 시는 절제된 언어를 통해 인간의 실존적 삶에 대해 보여준다. 유한한 인간의 삶에는 고정되어 있는 것도 확정되어 있는 것도 없다. 시인은 이러한 인간의 삶에서 의미를 발견하고, 마주한 현실을 회피하지 않는다. 있는 그대로 담담하게 수용하며 내면의 목소리에 귀 기울인다. 그렇기 때문에 김수환 시인의 시를 따라가다 보면 자연스럽게 삶의 모습들과 마주치게 된다. 자신의 주위에서 파생된 모든 일들이 정제된 언어를 통해 발현되고 있다.

> 아버지, 바지를 입은 채 똥을 쌌어요
>
> 뼈만 남은 엉덩이, 샐쭉샐쭉 걸을 때마다
>
> 온몸에 지린 똥 냄새 진동을 하는데
>
> 장남의 빨간 짚차에도 엘리베이터에도
>
> 배달의 민족같이 냄새 퍼뜨린 아버지,
>
> 요행히 우리 아버지 냄새도 안 나나 봐요

사타구니에도 엉덩이에도 불룩한 게 이상해서

주물주물 만져봐도 뭔지 모르는 아버지

손가락 사이사이에 덕지덕지 아버지

철벅철벅 아버지 하루에도 몇 번씩

바지에 사타구니에 선 채로 똥을 싸고

한갓진 미검으로 여기는 미검 같은 아버지

— 김수환, 「미검」 전문

위의 시는 아버지에 대한 내용을 담고 있다. 시 속의 아버지는 굴곡진 시절을 다 지나 보내고, 삶의 끄트머리 즈음에 도달해 있는 듯 보인다. 시인은 이러한 아버지의 삶을 현재 처해 있는 그대로 담담하게 받아들이려고 한다. 시인은 아버지의 삶을 '미검'에 비유하고 있다. 미검은 경상남도에서 사용하는 먼지의 방언이다. 아버지는 먼지 같은 삶을 살았다. 아버지의 삶은 수많은 외부의 상황 속에서 가족을 지켜내는 것이다. 늘 자식이 먼저였을 것이고, 자신의 안위는 그다음이었을 것이다. 나 자신의 삶보다 가족을 위해 묵묵히 뒷바라지 하는 듬직한 모습, 힘들지만 가족이 행복하다면 그것으로 만족하는 모습이 '아버지'라는 명명 뒤에 감추어져 있다.

하지만 이제는 애석하게도 이러한 아버지의 모습을 찾아볼 수 없게되었다. 가장으로서의 무게를 견디며 어깨에서 내려놓지 못하였던 짐을 한순간 놓아버리셨다. 선 채로 바지에 똥을 싸고도 뭔지 모른 채 "한

갓진 미검으로 여기는" 아버지는 정말 뼈만 남은 미검처럼 되셨다. 다행인 점은 이러한 상황을 외면하지 않는다는 것이다. 나이듦의 상황 앞에서 시인은 아버지의 삶을 탓하거나 삶의 덧없음을 원망하지 않는다. 나이가 든다는 것은 텅 빈 도화지를 가득 채웠다는 의미이다. 앞만 보고 달리던 젊은 시절에는 보이지 않았던 여유가 느껴지고, 누적된 경험과 지혜가 삶을 의미를 더욱 풍부하게 한다. 텅 빔에서 충만한 채워짐을 확인하는 순간, 시 속의 아버지와 같이 삶은 전혀 예상하지 못하였던 방향으로 전개되기도 한다. 시인은 이러한 상황을 '샐쭉샐쭉', '배달의 민족같이 냄새 퍼뜨린 아버지' 등의 표현을 통해 유쾌하게 이해해보려 하는 한다. 하지만 시인이 견뎌야 하는 그 시간의 무게는 결코 가볍지만은 않다.

　　　검은 적막을 그저 몸으로 견딘 검은 아파트들

　　　짐승 같은 그 어깨 희끄무레 드러나는 시간

　　　우직한 저 아파트들처럼 서럽던 새벽이 있었다

　　　　　　　　　　　　　　　　　　　　　— 김수환, 「새벽」 전문

　　의지할 곳 없는 고요하고 쓸쓸한 적막 속에 검은 아파트들이 있다. 검은 아파트는 적막을 온몸으로 견디고 있는 중이다. 적막을 견뎌내는 고통스러운 인내의 시간을 지나면 검은 아파트의 어깨가 "희끄무레 드러나는 시간"도 있다. 검은 적막 속이라고 칠흑 같은 어둠만 있는 것은 아닌 것이다. 시인은 적막을 온몸으로 견뎌야 하는 아파트에 자신의 감정을 이입하고 있다. "우직한 저 아파트들"도 시인처럼 "서럽던 새벽"을 견디는 시간이 있었음을 발견한 것이다. 누구든 정신적으로든 물질적으로든 어려운 상황을 비켜 가기란 쉽지 않다. 햇살 일렁이는 밝고 환한 일들만 존재한다면 더할 나위 없이 좋겠지만, 삶은 늘 예상하지 못한 곳에서 예상하지 못한 일들이 일어나기 마련이다. 하지만 한편으로는 고난과 시련이 있기에 행복과 기쁨도 느끼는 것이리라. 힘든 일을 겪지 않고서야 좋은 일들의 기쁨을 다 안다고 할 수 없을 것이다. 서럽던 날들이 존재하였기에 시인 역시 새벽에 대한 고마움을 아는 것이다.

방죽에서 정물처럼 서서 되새김질하는
소들의 그림자가 동쪽으로 길게 누우면
저녁이 긴 마음처럼 스미듯 찾아들고

문설주에는 양의 피, 문 닫는 애굽인들처럼
이제 곧 햇빛 없는 시간을 맞아야 하는
구절초 눈꺼풀에서 불안한 저녁은 오고

통성기도, 호곡 같고 숭고한 의식 같은

밤을 맞는 풀벌레들의 조급함과 비장감에도

세상의 모든 저녁이 찾아와서 눕는다

해 질 녘은 견디기 힘들더라는 그 사람

저녁의 전조 앞에서 어떡하나 하다가,

큰 눈을 깜박이다가, 일생이 저물다가

— 김수환, 「저녁은 온다」 전문

　위의 시는 저녁이 오는 풍경을 보여주고 있다. 방죽 위에 소가 풀을 뜯고 있다. "소들의 그림자가 동쪽으로 길게" 눕는다는 것은 해가 진다는 것을 의미한다. 문설주에 어린 양의 피가 묻어 있고, 문을 닫는 애굽인들은 "햇빛 없는 시간을 맞"게 된다. 구약성서의 한 책인 「출애굽기」는 이스라엘의 백성들이 이집트를 탈출한 기록이 담겨 있다. 오랜 기간 동안 이스라엘 민족들은 이집트의 종으로 살았다. 이에 이스라엘 민족이 고통을 호소하자 하나님이 모세에게 이스라엘 민족을 데리고 가나안 땅으로 가라는 명을 내리게 된다. 이스라엘 백성은 모세의 명에 따라 어린 양을 잡아 그 피를 문설주와 상인방에 발랐다. 문설주와 상인방에 양의 피가 묻어 있는 이스라엘 사람의 집에는 아무런 해가 없이 탈출할 수 있었다고 한다. 이에 이스라엘에서는 유월절이 되면 아직도 해를 끼치는 신들이 집에 접근하지 못하도록 양의 피를 문설주에 바른다고 한다.

이는 우리나라에서 동짓날 팥죽을 쑤어 대문 앞에 뿌리는 풍습과 비슷하다. 팥죽의 붉은빛이 나쁜 기운을 막아준다고 생각하였던 것이다. 과거부터 사람들의 생활에는 크고 작은 질병과 재난들이 많았다. 옛 어른들은 이러한 것들이 신들의 노여움을 샀기 때문이라고 생각하여, 신에게 제물을 바치며 무탈하기를 기원하였다.

"호곡 같고 숭고한 의식 같은" "통성기도"를 하는 밤, "풀벌레들의 조급함과 비장감에도/ 세상의 모든 저녁이 찾아와서 눕는다". 이러한 상황 속에서도 생활은 지나가고 일생은 저물어간다. "해 질 녘은 견디기 힘들더라는 그 사람"을 생각하며 "저녁의 전조 앞에서 어떡하나" 걱정하다가 오는 저녁을 담담하게 맞이한다.

자라가 모래톱에 알을 낳고 그 일 잊고
장강을 흘러 살다 바다에 다 이르러
어느 날 문득 궁금해진 알 찾으러 올까 봐,

저 혼자 알 깨고 나온 자라 한 마리가
장강에 이르러 흘러 흘러 살다가
어느 날 문득 궁금해진 연고를 찾아올까 봐,

당신같이 나같이 못나고 못난 것들이
장강에 저 바다에 흐르다 흐르다

어느 날 다시 만나서 울울창창 살까 봐

　　　　　　　　　　　— 김수환, 「행여나」 전문

　　이 시의 배경이 되고 있는 공간은 중국의 장강이다. 장강은 양쯔강
으로 중국 대륙 중앙부를 횡단하는 중국에서 가장 긴 강이다. "자라가
모래톱에 알을" 낳은 사실을 잊어버리고 "장강을 흘러 살다 바다에 다
이르러/ 어느 날 문득" 알이 궁금해져 행여나 알을 찾으러 올까 하는
마음과 어미도 없이 "저 혼자 알 깨고 나온 자라 한 마리가/ 장강에 이
르러 흘러 흘러 살다가/ 어느 날 문득 궁금해진 연고를 찾아올까" 행여
나 하는 마음들이 모여서 사람에게 다다른다. 당신과 나같이 못난 사
람들이 "장강에 저 바다에 흐르다 흐르다/ 어느 날 다시 만나서" 행여
나 "울울창창 살까" 하는 마음 말이다.
　　인간의 삶은 흐르며 이어진다. 낯선 곳에서도, 익숙한 곳에서도, 기
쁨 속에서도, 상실이 다가와도, 전쟁 중에도 인간의 삶은 이어지고 있
다. 시 속의 상황과 같이 알을 낳고도 혹은 낳은 알을 잊어버려도, 혼자
알을 깨고 나온 자라 한 마리가 연고를 궁금해해도 행여나 어느 날 다
시 만나서 울울창창 살아갈 것이다. 큰 나무들이 빽빽하고 푸르게 우
거져 함께 어우러져 살아가는 것처럼 우리의 삶도 그렇게 이어지는 것
이리라. 어쩌다 혹시 다시 만나더라도 중도에 포기하지 않고 이어진다
면 언젠가 다시 만날 것이다. 어미 자라와 새끼 자라도, 당신과 나도 말
이다.

그것은 구석처럼 아련하고 어렴풋하게

망설이다 떠나고 망설이다 돌아왔다가

다시 또 길을 떠나는 어지러운 발자국들

고요한 얼굴을 당겼다가 늦추고

줄지어 달려가고 달려오는 것들을

조각을 맞추어 보듯 붙였다가 버렸다가

그것은 사바나처럼 먼 나라 먼 이야기

줄무늬 교차로 건너 지금도 멀어져가는

그 한때 얼룩무늬를 생각하는 것이다.

　　　　― 김수환, 「얼룩말의 무늬는 반대쪽으로 도망간다」 전문

　얼룩말은 검은색과 흰색의 무늬가 교차되어 있다. 얼룩말은 흰색 피부에 검은색 줄무늬를 가지고 있다고 생각하는 경우가 많으나, 실제 2005년 학술저널에 실린 논문에 따르면 검은 피부에 흰 줄무늬가 있는 것이라고 한다. 얼룩말의 얼룩이 착시효과를 만들어 치명적인 세균을 옮기는 흡혈 파리로부터 자신을 보호해주는 방어 역할도 한다.

　시인은 이 얼룩말의 무늬에 빗대어 자신의 시론에 대해 이야기함과 동시에 사람 사이의 관계에 대해 보여주고 있다. 시를 쓰는 사람이라면 시에 대해 누구나 한 번쯤 고민해 보았을 것이다. 늘 곁에 있는 것 같지

만 낯선 타인 같고, 친절한 듯 하면서도 불친절함에 상처도 받고 고민도 하게 된다. 그럼에도 불구하고 언어의 사슬에서 벗어날 수 없는 것이 시인의 운명이다. 시인은 '구석', '아련함', '어렴풋', '망설임', '어지러운 발자국', '고요한 얼굴' 등 다채로운 얼굴을 가지고 있는 이 시의 늪에서 빠져나갈 수가 없다. "망설이다 떠나고 망설이다 돌아왔다가/ 다시 또 길을 떠"난다. "고요한 얼굴을 당겼다가 늦추고/ 줄지어 달려가고 달려오는 것들"에 대해 시인은 "조각을 맞추어 보듯 붙였다가 버렸다가" 하는 시어를 붙잡고 골몰한다. 때로 시는 "사바나처럼 먼 나라 먼 이야기"처럼 막연하게 다가오기도 한다.

사람과 사람 사이의 관계 역시 이와 비슷하다. 이미 지나간 관계도 있고, 현재 유지하고 있는 관계 그리고 훗날 다가올 수많은 관계들도 있다. 사람은 홀로 살아가는 것이 아니라 타인과의 관계 속에서, 관계를 맺으며 살아가는 존재이다. 개인의 가치관과 성향에 따라 다르겠지만 편안한 관계도 있고, 때로는 오해가 생기는 관계들도 있다. 좋은 의미로 시작한 관계였으나 불편한 관계가 되기도 한다. 물론 자신에게 긍정적인 시너지를 주는 좋은 관계들도 있을 것이다. 시인은 이러한 관계에 대해서도 간과하지 않고 유심히 들여다본다.

김수환 시인의 시들에 현현하는 모습을 따라가 보면 보편적인 삶의 근원을 마주할 수 있다. 덧없는 삶의 모습이더라도 이를 읽어내는 시인의 극진한 시선에서 따뜻한 인간애를 엿보게 된다. 또한 김수환 시인은 불온전한 세상을 나름의 방식으로 관계지어 보고자 한다. 이 관계를 규명하기 위해 내면으로 침잠하여 깊이 사유하고 이를 시의 언어로 표출해낸다. 모든 존재는 외롭고 쓸쓸하다. 인간은 정해진 길이 있어서 살아가는 것이 아니라, 나만의 길을 만들며 살아가는 존재이다. 김수환 시인은 자신만의 정도 있는 길을 만들며 꼿꼿하게 나아가고 있다. 정도 있는 그 길이 시인으로서의 삶을 더욱 굳건하게 만들 것이다.

서정을 통해 발현된 절제의 미학
— 박현덕론

　박현덕 시인의 이번 시집 『와온에 와 너를 만나다』를 관통하는 시어는 '눈'과 '겨울'이다. 시인이 눈 내리는 겨울을 건너오며 전하고자 하는 바는 무엇이었을까. 그것은 이 시집을 관통하는 정서인 슬픔과 그 슬픔 뒤에 감추어져 있는 희망이다. 슬픔은 상실과 결핍에서 비롯된다. 누군가로부터 단절된 경험에서 비롯되기도 하고, 채워지지 않는 결핍이 원인으로 작용하기도 한다. 슬픔의 이유에는 여러 가지가 있겠지만, 박현덕 시인은 이러한 슬픔의 정서에 과도하게 함몰되지 않고 감각적으로 사유하여 담담하게 보여준다.

　방랑자처럼 떠돌며 직접 체험하는 장소와 사유의 적절한 배치를 통해 삶을 먹먹하게 만들기도 하고, 삶의 한 단면에 투영된 자신의 모습을 통해 외로움과 쓸쓸함을 보여준다. 현재의 경험을 통해 그 정서의 결을 압축하여 충만한 언어의 현장으로 인도하는 박현덕 시인의 시에는 이 시대의 노동자, 홀로 살아가는 노인 등으로 고단한 현대사회의 모습이 담겨있기도 하다. 지극히 개인에게 정서에 국한되는 것이 아니라 시조가 지녀야 하는 율격을 지니면서도 그 안에서 최대한 서정의 본질을 자유롭게 보여주고자 한다. 그리고 그 마지막에는 '지금-여기'

의 순간에 집중하여 미래를 향해 뻗어 나가는 희망이 발견되는 충만한
현재가 존재한다.

장소를 통한 발현되는 내면의식

박현덕 시인은 장소를 통해 자신의 정서를 드러내는 비유적 소재
로 활용하고 있다. 이 과정에서 장소 안에 슬픔과 외로움, 그리움의 정
서를 투영하여 보여준다. 이번 시집에는 지역의 장소를 모티브로 하는
시편들이 곳곳에서 발견되었다. 시인은 진도, 목포, 와온, 나주 등 장소
에 대한 직접 경험을 시 속에 형상화하여 풀어놓았다. 장소는 그곳에
살아가는 사람들과 밀접하게 관계를 맺는다. 장소에 대한 경험은 그
장소에 대해 시인으로서의 정체성을 형성하면서 동시에 특수성을 갖
게 한다. 박현덕 시인은 장소를 경험한 주체로서 그 장소에 대한 구체
성을 시 속에 수용하여 밀도 있는 의미망을 형성한다. 이는 일상에서
장소를 찾아다니며 경험하는 사소한 체험들일지라도 익숙한 것을 낯
설게 보려는 예민한 시선으로 대상을 바라보려는 시인의 노력에서 비
롯된다.

진도대교 건너자 와락 눈이 한창이다

울돌목 곡소리도 내 귀엔 들리지 않아

먼 길을 끌고 왔던 생, 길 따라 굳어지듯

남도의 끄트머리 그리움이 눈에 섞여

바다가 훤히 보인 죽림길 언덕 앉아

술잔에 파도를 담아 뭉친 가슴 풀어낸다

무장무장 눈 내려 칼바람에 베이고

어디론가 조금씩 가라앉고 있는 중

나는 또 난파된 배처럼, 적막 하나 키운다

— 박현덕, 「진도에 내리는 눈」 전문

　시 속 화자인 시인은 진도대교를 건너는 중이다. "먼 길을 끌고 왔던 생"이 고단한 탓에 눈이 내리는 "울돌목 곡소리도" 시인의 귀에는 들리지 않는다. 전라남도 해남군 화원반도와 진도 사이에 있는 해협으로 명량해협이라고도 불리는 울돌목은 임진왜란 때 이순신 장군이 왜군 함대를 물리친 곳으로 알려져 있다. 이곳은 당시 왜군을 물리치기 위해 많은 사람들의 희생이 있었던 역사의 현장이기도 하지만, 시인의 내면의식이 전개되는 회상과 재생의 공간이기도 하다. 현재의 고단함이 당시 희생된 자들이 곡소리를 지워버렸고, 이에 시인은 지금껏 어렵고 아프게 끌고 왔던 생을 "남도의 끄트머리"에 살며시 내려놓는다. 이는 바다가 보이는 언덕에 앉아 "술잔에 파도를 담아 뭉친 가슴 풀어"내고자 하는 행위로 형상화하여 보여주고 있다. 고단한 삶의 한 페이지를 바다에 와 잠시 내려놓고 마음에 위안을 삼아 보려 하지만 "무장무장 눈 내려 칼바람에 베이고" 시인은 "어디론가 조금씩 가라앉고 있는 중"이다. 현실은 여전히 어렵고 시인은 "난파된 배처럼, 적막 하나" 키울 뿐이다. 하지만 여기에서 좌절하기에는 이르다. 이곳은 따뜻한 남도의 끄트머리이며 눈이 한창인 이 겨울이 지나고 나면 곧 봄이 도래할 것이기 때문이다. 바다를 통해 들여다본 시인의 내면의식에는 이 적막의 끝에 희망이 기다리고 있을 것이라는 기저가 깔려있다. 바다는 우리 삶의 일부이고 그 자체로 삶의 현장이다. 역사의 공간이기도 하고 '지금-여기'에서 시인이 보여주고자 하는 희망이 실현되기를 기대하는 공간이기도 한다.

다음의 「와온에 와 너를 만난다」 연작시에서도 '와온'이라는 장소와 바다의 이미지를 통해 시인의 내면의식을 전개하고 있다. 연작시는 하나의 주제를 다양한 표현 방법으로 보여주기에 새로운 이미지를 제시할 수 있다. 뿐만 아니라 현대사회의 복잡다단한 생각을 연작 형식을 통해 더 잘 보여주기도 한다. 「와온에 와 너를 만난다」로 이루어진 다섯 편의 연작시는 각기 다른 방식으로 삶을 들여다보고 방향성을 제시한다. 시인은 연작시를 통해 투영된 삶에서 고단함을 치유하고자 한다.

세상일 망했다고 무작정 차를 몰아

와온해변 민박집에 마음 내려놓는다

나는 왜 춥게 지내며 덜컹덜컹 거렸지

해변을 걷다 문득 마파람 씹어보면

바람에 쓰릿해져 누군가 생 펼친다

제 몸의 상처가 터져 걸어온 길 적신다

잔파도에 쓸려간 철새들의 발자국

무릎 괴고 숨어서 눈 붉도록 울고 나면

하늘을 미친 바람처럼 물고 또 뜯고 있지
　　　　　　　　— 박현덕, 「와온에 와 너를 만난다·1-노을」 전문

'와온'은 많은 시인들이 노래한 바 있다. 이럴 경우 다른 사람들이 보여주지 않은 와온에 대한 자신만의 독특한 시선 즉, 남다른 관점과 해석이 있어야 한다. 박현덕 시인이 보여주고자 하는 와온은 단순히 노을 지는 풍경이 아름다운 바다의 이미지가 아니라 자신만의 시각으로 그려내고 있다. 그 시각은 풍경을 전경화하여 성찰을 통한 내면의 모습을 웅숭깊은 언어로 담담하게 담아내고자 하는 데서 비롯된다. 실제 와온의 풍경과 시인의 내면 풍경이 적절하게 직조되어 있다.

시인은 삶을 털어내기 위해 와온을 찾는다. 일상의 삶이 힘들고 지칠 때, 세상일이 뜻대로 되지 않을 때 무작정 차를 몰고 와온해변으로 향한다. 어느 민박집에 살면서 "마음 내려 놓"고 그동안 "왜 춤게 지내며 덜컹덜컹 거렸"는지 묻는다. 생활에 쫓겨 주위를 돌아볼 겨를도 없이 아등바등 마음이 춤게 지냈던 것이다. 서로에게 전하지 못했던 진심과 쉽게 손 내밀지 못하고 서성였던 날들 등 추운 마음의 시간들이 밀물처럼 한꺼번에 밀려온다.

남쪽에서 불어오는 바람을 곱씹다 보면 마음이 쓰릿해져 자신의 삶이 펼쳐지고, "몸의 상처가 터져 걸어온 길"을 적신다. 시인은 파도가 해변에 왔다 가면 바닷물이 잘박하게 남아 있는 모습을 "몸의 상처가 터져" 젖어있다는 감각적인 이미지로 표현하고 있다. 이처럼 담담하면서도 감각적으로 풀어내는 시인의 사유가 시를 더 밀도 있게 만든다. 상처는 고통을 안겨주지만 그 고통은 사람을 더 성장하게 한다. 상처가 터졌다는 것은 치유가 가능하다는 의미이다. 시인은 "무릎 괴고 숨어서 눈 붉도록" 한바탕 시원하게 희망의 울음을 토해내고 난 후, 상처를 치유하며 극복하고자 한다.

이 외에도 "아팠던 날들 지나 어스름 비 그치면"(「와온에 와 너를 만난다 3」) "슬픔에도 꽃이 핀다"(「와온에 와 너를 만난다 2」)는 것을 시인은 믿는다. 슬픔에도 꽃이 핀다는 역설적 화법을 통해 이 슬픔도 다 지나고 나면 꽃으로 승화될 것이라는 바람을 형상화한다.

결핍된 주체

인간의 삶은 홀로 이루어지는 것이 아니라 관계와 관계 속에서 이루어진다. 오랜 시간을 지내면서 만들어진 관계들과 축적된 경험들은 일상생활에 안정감을 준다. 가족 혹은 지인 사이와 같은 익숙한 관계들로부터 자신의 존재감을 확인하고 더불어 보호받는다는 느낌을 받게 된다. 일상은 이러한 존재 확인의 반복으로부터 이루어진다고 해도 과언이 아닐 것이다. 하지만 현대사회의 일상은 안정감을 주지 못한다. 주체의 결핍과 상실로 좌절하게 되면서 스스로를 억압의 틀 안에 가두게 된다. 박현덕 시인의 시는 이러한 결핍과 상실로부터 이루어지고 있다. 여기에서는 이러한 주체로부터 거리 두기를 통해 주관에 함몰되지 않고 미학을 획득하게 되는 과정에 대해 살펴보자.

마당 한쪽 우두커니

밤비 냄새 맡는다

봄에서 다시 가을로 생은 더 버거운데

나는 늘 세들어 살아
도시 한 모퉁이에

             — 박현덕,「저녁이 오는 소리」부분

  시인은 "도시 한 모퉁이에" "늘 세들어" 살고 있는 존재이다. 장대비가 마음을 뚫고 쏟아지는 동안 "허기를 채우려고 골목길"을 지나는 중이다. 시간은 이미 낮을 통과하여 "가로등이 고개"를 들고 있다. 아직 허기를 채우지 못한 채 "마당 한쪽 우두커니" 서서 "밤비 냄새 맡는" 시인의 모습이 장대비가 내리는 풍경과 가로등이 켜지는 밤의 시간적 배경을 만나 쓸쓸함을 더욱 고조시킨다. "봄에서 다시 가을로 생은 더" 버겁기만 하다. 끊임없이 변화하는 현실에서 채워지지 못한 삶의 고리들은 시인을 삶으로부터 세들어 살게 만든다. 가을을 통해 쓸쓸함과 이 쓸쓸함에서 파생되는 슬픔의 정서가 시의 전반에 자리하고 있다.

빌딩숲 한가운데 간신히 걸린 울음
밤이 되면 흩어져 숨어있는 발자국들
조금씩 불러 들여서 유리창에 가둔다

보도블럭 사이 사이 뿌리 내린 알갱이

서로에게 비밀스런 편지를 몰래 쓰다가

바람도 술 취한 봄밤에 흰 별꽃을 피운다

— 박현덕, 「깊고 부드러운 밤」 부분

봄이 되었고 밤이 찾아왔다. 여전히 빌딩숲 한가운데 울음이 걸려있지만 "보도블럭 사이 사이 뿌리 내린 알갱이"가 "바람도 술 취한 봄밤에 흰 별꽃을 피"워냈다. 한 평도 되지 않는 보도블럭 사이에서 꽃을 피우기 위해 애를 썼을 그 작은 생명체는 기어이 자신의 소임을 다하였다. 척박한 상황이지만 꽃을 피워 자신의 존재를 드러냈고, 어려움을 이겨내면 결실을 맺을 수 있음을 온몸으로 보여주었다. 보호로부터 거리가 먼 안전하지 못한 도심 속이지만, 이 안에서 자신만의 방식으로 삶을 이어나가고 있다. 시인은 떠돌면서 만나는 이러한 장면을 놓치지 않고 자신을 투영하여 정밀한 언어를 통해 그 의미를 내포하여 보여준다.

시인은 때로 "통증 달고 사는 일에/ 미칠 것만 같아서" "가을을 앓고 있"는 "수척한/ 나의 영혼"(「시월」)을 데리고 "무작정 도시 떠나 한라산 홀로"(「가을 한라산」) 오르기도 한다. 하지만 "가슴을 한쪽 비워도 상처만 깊어지고"(「가을이 지나간 뒤」) 생은 "까닭없이 찾아온 공복처럼 쓰"리기만 하다. 이를 위무하기 위해 시인은 저수지로 향하기도 한다. 「저녁이면 저수지에 간다」에서는 객관적 상관물로 내세운 사내를 통해 삶의 단면을 풀어내고 있다. 사내가 저수지로 향하는 이유는 물고기를 낚고자 함이 아니라 "찌 없는 낚시 하나로 마음을" 누르고자 함이다. 아무도 없는 밤의 한 귀퉁이에 "작업복 걸어놓고" "살 베이던 밤바람" 맞으며 하염없이 "저수지를 헤매"인다. 인간은 언젠가 사라질 존재이기는 하나, 사라져야 하는 날을 기다리고만 있지는 않는다. 사라질 존재이기는 하지만 사는 동안은 삶의 의미에 답을 해야 한다. 저녁이면 저수지로 향하는 이유도 이 때문일 것이다. "슬픔의 여울로 바람처럼" 울고, "적막의 끝, 환환 꽃이 피었다가" 또 지고 마는 순간순간들일지라도 이를 겸허하게 받아들이고 토닥이기 위해서 말이다.

이웃에 대한 공감

인간은 사람들 속에서 살아가지만 늘 스스로와 혹은 사회와 고군분투하며 살아가는 존재이다. 박현덕 시인은 사회의 주변부에서 힘겹고도 외롭게 살아가는 사람들의 삶을 그려낸다. 중심부에서 도외시되고 있는 주변부를 둘러볼 줄도 아는 미덕을 지니고 있다. 서민들의 하루를 들여다보고 그들이 하루를 견디는 순간들을 놓치지 않는다. 함께 살아가야 하는 이웃들의 삶을 돌아보고 그곳에서 새로운 지평을 넓혀가고자 한다. 박현덕 시인은 중심에서 벗어나 낮은 곳에 있는 존재들의 일상을 응시하고 관조적 태도로 공감하며 함께하고자 한다. 군중 속에 있으나 오늘도 고독하게 이어나가고 있는 삶을 살펴보자.

가을이 성큼 지나
한파가 올라온다

얇은 이불 덮고 누운 한 평 정도 방인데

틈새를 휴지로 막아도
칼바람에 쏩쏠하다

밤이 와 불을 끄면
종이의 집 흔들려

도시의 뒷면이라 잘 보이지 않는다

오늘 또 누군가 울다
술에 취해 잠이 들고

                              — 박현덕, 「겨울 고시원」 전문

    위의 시는 겨울 고시원의 풍경을 담고 있다. 가을 지나 한파가 몰려 오고 있지만 "얇은 이불 덮고 누운 한 평 정도 방"은 휴지로 틈새를 막 아도 칼바람이 드나든다. 작은 바람에도 언제 쓰러질지 모르는 종이로 만든 집과 같다. 이 집은 "도시의 뒷면"에 있어 잘 보이지도 않는다. 밤이라는 시간은 존재의 고독과 외로움을 심화시킨다. 이 밤에 누군가는 울다가 잠이 들고, 또 누군가는 온전한 정신으로 버티기 힘들어 술에 취해 잠이 든다. 빛과 반대되는 어둠이라는 원형적 상징이 어두운 현실을 나타내는 상징으로 작용되고 있다.

　다음의 시는 독거노인에 대한 이야기이다. 박현덕 시인은 곳곳에 각각의 사연으로 살아가고 있는 이웃의 모습을 통해 사회의 단면을 보여 준다.

　　　독거노인 반동댁 식물 하나 키운다
　　　산짐승 울음소리 들려오는 밤에도
　　　늘그막 전기장판 위 신처럼 모신다

　　　(……)

　　　시골의 밤, 하루 하루 빠르게 늙어가
　　　화분과 눈을 맞춰 마지막 날 얘기하면
　　　자식도 아닌 저것이 백만 송이 꽃 피운다
　　　　　　　　　　　　　—「반려식물 키우는 노인」부분

　시 속 등장인물은 반동댁이다. 반동댁은 독거노인으로 반려식물을 키우고 있다. 집에 와도 말 섞는 이가 없는 반동댁에게 반려식물은 유일한 말동무이다. 반동댁은 "산짐승 울음소리 들려오는 밤에도" 행여 식물이 죽을까 싶어 "전기장판 위 신처럼 모"셔둔다. 반려식물은 반동 댁에게 가족이자 친구이자 먼저 간 남편이기도 하다. 사람이 아닌 반려 식물은 아무 소용이 없다며 "도랑에 던지라는" 이웃집 할머니들의 말 에도 아랑곳하지 않고 식물에 대한 지극정성 마음을 내보이는 이유도 이 때문이다. 반동댁은 "하루 하루 빠르게 늙어가"고 "자식도 아닌 저 것이 백만 송이 꽃"을 피운다. 많은 노인들이 자식과 살지 못하는 개인 적인 이유가 있겠지만, 혼자 살고 있는 노인이 많아지고 있는 현실의 상 황을 시인은 피하지 않고 직면한다.

일요일 하늘 높이 아파트가 올라간다
비계를 밟고 서서 작업하는 인부 두엇
아직도 봄은 멀다고 이마를 훔쳐낸다

겨울부터 죽어라, 현장을 드나들며
눈치껏 일을 해도 파이프로 휘는 몸
뼈마디 구멍 사이로 마파람이 들이친다
— 박현덕, 「철새가 되는 저녁」 부분

모두가 쉬는 휴일에도 아파트는 올라간다. "비계를 밟고 서서 작업 하는 인부 두엇"의 위태로운 모습은 아직 오지 않은 봄을 재촉한다. 하지만 재촉한다고 하여 봄이 빨리 올리는 없다. "겨울부터 죽어라, 현장을 드나들며" 일을 하지만 몸은 파이프처럼 점점 휘기만 하고 "뼈마디 구멍 사이로 마파람이 들이친다". "점심시간 박스 깔고 토막잠을 청할 때면/ 먹먹해진 가슴에" "날개 같은 꽃이" 핀다. 열심히 살지만 철새처럼 한철 지나면 다시 제자리로 돌아가는, 좀처럼 나아지지 않는 상황이 시인의 첨예한 시선을 통해 형상화된다. 그리고 그 이면에는 잠결에라도 새가 되어 이러한 상황으로부터 잠시 자유로워지고자 하는 바람이 투영되어 있다.

고독한 이웃의 모습은 다양한 방식으로 시 속에 재현되어 있다. 「미안하다」에서는 하반신을 움직일 수 없어 물질을 더 이상 하지 못하는 제주에 사는 아흔 살 어멍을 바라보는 시인의 시선을 확인할 수 있다. 어멍은 평생 바다에서 물질을 하는 것을 업으로 알고 살았는데 움직일 수 없는 몸이 되었다. 요양병원도 요양원도 다 싫고 바다가 보이는 집에 기거하며 "푸른 꿈결 바다에서" 오늘도, 내일도 마음만 물질하러 다닌다. 「그 저녁 바람처럼 걸었다-쪽방촌에서」에서는 어렵게 정착은 하였으나 여전히 움츠린 삶을 사는 삶의 모습이 그려져 있다. "전철이 지나"가는 소리가 "널빤지 벽 사이로" 다 들려 "문득문득 잠" 깨는 밤의 시간을 견디며 사는 삶은 더 보태지 않아도 위태롭기만 하다.

절제의 미학

시조의 백미는 단시조일 것이다. 이번 시조집에는 단시조가 많이 발견되었다. 단시조는 짧은 구절 안에 보여주고자 하는 바를 정밀한 언어로 그려내야 한다. 짧기에 묵직한 메시지 혹은 감각적인 사유의 정황이 오히려 연시조에 비해 더 잘 드러난다. 이는 장점이 될 수도 있으나 자칫 개인적인 감상으로 머무를 수 있어 단점으로 작용하기도 한다. 박현덕 시인의 단시조는 유연한 어조와 응집된 시어를 통해 정형미를 그대로 살려내고 있다.

한 마리 새가 되어 너는 울고 가는구나

바람 한 점 햇살 한 톨 저리 없는 세상에

가슴이 아프게시리, 저 하늘을 헤집는다

— 박현덕, 「저물녘」 전문

저물녘 햇살도 없고 바람도 없는 하늘을 헤집으며 새 한 마리가 가고 있다. 시에서 "한 마리 새"로 호명되는 '너'는 그동안 만나지 못했던 사람이거나 혹은 앞으로 만날 수 없는 떠나가고 있는 사람이다. 중요한 점은, 떠나가고 있는 대상에 대한 이러한 슬픔과 그리움의 정서를 '한 마리 새'라는 객관적 상관물을 통하여 과도한 감정을 투사하지 않고 담담하게 보여주고 있다는 점이다. 저물녘이라는 시간적 배경과 "바람 한 점 햇살 한 톨" 없는 막막한 세상이라는 배경 묘사를 통해 직접 심정을 토로하지 않아도, 상황을 더 처절하면서도 날카롭게 그려낸다.

미안하다
미안하다
낙일의 기억이여

외로움
그리움
톱니처럼 맞물려

지나간
푸른 영혼 불러
결박을 풀고 있다

—「봄비」 전문

저녁 내내 창문을
누군가 두드린다

밤이 더 깊을수록

어머니가 생각나

무릎이

바스러진 생,

절며 가는

빗줄기

― 박현덕, 「저녁비」 전문

　「봄비」에서는 봄비가 내리는 풍경 속에 "낙일의 기억"을 풀어내고
있다. 그동안 구속되어 있던 것들에게 "미안하다"고 고백한 시인은 "지
나간/ 푸른 영혼 불러/ 결박을 풀고" 자유롭게 놓아준다. "톱니처럼 맞
물려" 있던 외로움과 그리움도 결국은 자신이 만든 것이다. 자신으로
부터 도망가지 못하도록 자신을 묶어두었던 굴레에서 벗어나고자 한
다. 「저녁비」는 "저녁 내내 창문을" 두드리는 '비'를 통해 어머니의 모습
을 형상화하고 있다. 저녁 내내 비가 내리고 "밤이 더 깊을수록/ 어머니
가 생각"난다. 시인은 "무릎이/ 바스러진" 어머니의 삶을 "절며 가는/ 빗
줄기"에 비유한다. 무릎이 불편하니 온전한 걸음을 걷지 못하고 절며
걷는 어머니의 모습을 빗줄기로 형상화하여 감각적으로 풀어내고 있
다. 이와 같이 박현덕 시인은 단시조를 통해 절제의 미학을 몸소 실천
한다. 언어를 소비하지 않고 감각적인 사유를 통해 획득한 이미지로 삶

의 면면을 통찰하여 보여준다.

시는 인간의 삶과 세계의 진실을 심미적인 인식을 통한 언어로 보여주는 예술이다. 심미적 인식은 시인의 경험으로부터 비롯된다. 아름다운 것뿐만 아니라 슬프고, 놀라운 것, 추한 것 등으로부터 심미적 인식을 찾을 수 있다. 독자는 시인이 공유하고자 하는 이러한 심미적 인식이 반영된 작품을 통해 삶의 의미를 확장해나간다. 박현덕 시인은 외롭고 고독한 심리를 은유적으로 형상화하여 인간 본연의 서정성을 표출하고 있다. 결핍과 상실에 투사되어 있던 주체로부터의 객관화를 통해 일정한 미학을 획득하고, 이웃에 대한 공감을 통해 시대 의식을 반영한다. 지금-여기에 살아가고 있는 이웃에 대한 관심은 정서적으로 공감대를 형성하면서, 그 기저에는 세계와 사물을 바라보는 연민의 마음이 내포되어 있음을 확인하였다. 대상에 대한 진지한 성찰이 이루어질 때 시의 진정성을 만날 수 있다. 대상을 충분히 바라보고 표면적인 의미를 넘어 심층적으로 인식할 때 다채로운 의미를 형성할 수 있는 것이다. 현실성과 서정을 모두 갖추고 있는 박현덕 시인의 시는 시조가 가진 절제미를 통해 언어의 본질을 일정하게 유지하고 있다.

제3부

겨울 그리고 다시 올, 봄
— 희망과 평화의 노래

2021년 2월 1일 미얀마에서 군부 쿠데타가 일어났다. 미얀마 군부는 2020년 11월 총선에서 아웅산 수찌 국가 고문이 이끈 민주주의민족동맹(NLD)이 의회 전체 의석 476석 가운데 80%가 넘는 의석수를 가져가며 승리하게 되자 부정선거였다며 이듬해 2021년 2월 쿠데타를 일으켰다. 군부는 476석 가운데 33석이라는 결과를 얻었지만, 이에 승복하지 않고 선거를 다시 요구하였다. 문제가 없으므로 재선거를 할 수 없다는 선거위원회측의 입장도 받아들여지지 않은 채, 결국 군부는 쿠데타를 일으켜 정권을 잡고 민간정부를 강탈하였다.

미얀마의 민주주의와 군부 사이의 이러한 문제는 줄곧 진행되어 온 바 있다. 아웅산 장군의 딸인 아웅산 수찌가 이끄는 민주주의민족동맹이 1990년 5월 총선에서 압승을 거두었다. 이때에도 군부는 결과를 인정하지 않았고, 오히려 아웅산 수찌를 가택에 연금하였다. 2015년 11월 총선에서도 아웅산 수찌가 이끄는 민주주의민족동맹이 대승을 거두어, 2016년 3월 틴 쩌가 비군무 출신으로 처음 대통령이 되었다. 2020년 11월 총선에서도 아웅산 수찌가 이끄는 민주주의민족동맹이 압승하였으나, 가택 연금과 해제를 반복하며 시대는 뒷걸음질하고 있다. 민주주의 과정에 동참을 시작하여 우호적인 국제관계도 유지되고 있었으나, 이 또한 퇴보의 기로에 놓여 있다.

군부 사령관 민아웅흘라잉은 국민들을 탄압하였고, 그 과정에서 인권을 유린하는 일도 서슴치 않았다. 미얀마 민중들을 향해 전투기를 동원하여 공중폭격과 총격으로 수많은 희생자와 난민이 속출하고 있다. 비무장 상태에서 저항하는 시민들을 향한 쿠데타는 국제사회의 비난을 피할 수 없게 되었다. 미얀마에서 쿠데타 후 군인과 경찰의 총격에 의한 희생자는 2022년 11월 25일까지 2,538명 이상이고, 1,632명 이상 체포되었다고 한다.[1]

미얀마 군부는 시위대를 향해 실탄을 발포하였다. 먀 뚜웨 뚜웨 카인(여· 20세)은 언니와 함께 시위 현장에 나갔다가 처음으로 경찰의 실탄에 머리를 맞고 뇌사 상태에 빠졌다가 열흘 만에 숨졌다.[2] 치알 신(여· 19세)은 '다 잘 될 거야(Everything will be OK)'라는 티셔츠를 입고 평화시위를 하던 도중 군경의 실탄 사격으로 머리에 총탄을 맞아 사망하였다. 생존 당시 페이스북에 남겼던 '만일 내가 총에 맞는다면 각막과 다른 장기들을 기부해달라'는 말이 유언이 되었다.[3] 심지어는 대낮

---

1) 윤성호 기자, 「"미얀마 쿠데타 665일째, 끈질기게 '민주주의' 외친다"」, 『ofmynews』, 2022.11.27.

2) 서혜연 기자, 「첫 사망자 '카인' 치료한 미얀마 의사 "머리에서 실탄 나왔다"」, 『MBC 뉴스』, 2021.02.23.

3) 신진호 기자, 「태권도와 춤 사랑했던 미얀마 소녀… 군, 시신 도굴까지」, 『서울신문』, 2021.03.06.

에 집에 있는 여고생에게까지 총탄을 겨누어 숨지게 하였다.[4] 꿈을 제대로 펼쳐 보지도 못한 꽃 같은 청년들이 처참하게 숨을 거두었다.

이러한 상황 속에서 미얀마의 시인과 작가들은 작품을 통해 미얀마의 현실을 알리고 군부의 만행에 대해 저항하고자 하였다. 안타까운 현실을 묵과할 수 없었던 350명의 미얀마 시인과 작가들이 작품을 모아 '창작21'에 보내왔고, 편집부는 미얀마의 아픔에 동참하고 연대하기 위해 시집을 묶기로 결정하였다. 하지만 시집의 발간은 번역과 출간 비용, 작품을 쓴 미얀마 시인들의 신변 안전에 대한 문제도 있었기에 조심스러운 작업이었다. 다행히도 한 달 동안 텀블벅을 통해 목표 금액을 초과 달성하였고, 전국의 작가들과 후원자들의 성원에 힘입어 시집을 발간하게 되었다.

2022년 1월에 발간된 이 시집은 108명의 미얀마 시인과 작가들의 작품이 담겨 있는 혁명시집이다. 미얀마에 전역에서 활동하고 있는 시인과 작가들이 쓴 시들로, 군부의 폭력과 탄압에 맞서 저항하는 내용을 담고 있다. 이 시집에는 투쟁하는 시인들도 있고, 체포되어 잔혹하게 살해당한 사람들도 있다. 그리고 어느 시인의 시는, 지상에서 쓴 마지막 유고 시가 되어버렸다. 지금 쓰러지면 안 된다고 후손들을 위해서라도 끝까지 맞서야 한다는 그들의 강인한 그 의지를 지금부터 따라가 보기로 하겠다.

---

4) 김명수 기자, 「미얀마 쿠데타 군부, 집에 있는 여고생까지 조준 사살」,
『topstarnews』, 2021.03.18.

투쟁과 혁명

군부의 탄압 아래 많은 민중들이 죽음을 맞이하였다. 그중에는 시인과 작가들도 있다. 세인원 시인은 군부에 반대하는 시위에 참여하였다는 이유로 길거리를 가다 산 채로 불태워졌다. 친구와 이야기를 하던 도중 누군가 세인원의 몸에 휘발유를 붓고 불을 질렀다.[5] 병원으로 옮겨졌으나 화상이 심해 끝내 목숨을 거두었다. 고등학생도, 선생님도, 시인도, 이 땅의 어머니 아버지도 군부 앞에서는 속수무책이다.

영웅도 되기 싫다

애국자도 되기 싫다

우유부단한 겁쟁이 또한 되고 싶지 않다

입만 살아있는 허풍쟁이도 되기 싫다

갈팡질팡 미루기만 하는 그런 자도 되기 싫다

스스로 부끄럼을 느끼는 이도 되고 싶지 않다

혀가 잘린 채 말을 해야 했던 시절이 있었다

구속된 인권을 지닌 채 살아도 보았다

---

5) 고찬유 기자, 「포격도 모자라 '민간인 인간 방패'까지 앞세운 미얀마軍」,
  『한국일보』, 2021.05.16.

우리는 거세된 나날을 지나와야 했다

우리가 살아온 지옥은 우리가 결론짓고 싶다

물 위에 뜬 기름 같은 정치인은 되기 싫다

상상 속에서 사는 시인도 되기 싫다

불의를 지지하는 인간은 더욱 되고 싶지 않다

삶이 단 일 분 밖에 남지 않았다고 한다면

그 마지막 1분을 깨끗한 영혼으로 보내고 싶다

— 켓티, 「나의 투쟁 보고서」 전문

　무엇인가를 쟁취하고자 의견이 다른 사람들 사이에서 다툼이 일어
나는 일을 투쟁이라고 한다. 이 시는 시의 제목으로 미루어 보아 그동
안 자신이 투쟁하였던 시간에 대한 기록이라 볼 수 있다. 그는 어떠한
시간을 거쳐 왔으며, 그 시간들을 통해 무엇을 갈구하고자 하였을까.

　「나의 투쟁 보고서」는 이 시집의 표제작이면서 켓티의 유고작이기
도 하다. '그들은 머리에 총을 쏘지만, 혁명은 심장에 있다는 걸 모른다'
라는 저항시를 썼다가 경찰에 체포되었다.[6] 켓티는 시대의 불의에 저
항하였던 시인이다. 죽음으로 항거한 미얀마 저항시인. 육체는 돌아오
지 못할 강을 건너갔지만 그의 혁명 정신은 심장에 우뚝 서 있다.

6)　석진희 기자, 「불에 타고 있으니, 필로 불을 꺼야 한다... 미얀마 혁명시」, 『한겨레』,
　　2022.02.18.

"영웅", "애국자", "우유부단한 겁쟁이", "입만 살아있는 허풍쟁이", "갈팡질팡 미루기만 하는 그런 자", "스스로 부끄럼을 느끼는 이"는 되고 싶지 않다. "물 위에 뜬 기름 같은 정치인", "상상 속에서 사는 시인", "불의를 지지하는 인간"은 더더욱 되고 싶지 않다고 말한다. 시인은 한때 "혀가 잘린 채 말을 해야 했던 시절"을 살았던 적이 있다고 회상한다. "구속된 인권을 지닌 채 살아도 보았"고, "거세된 나날을 지나와야 했"던 시절도 있었다. 이제는 이러한 시절을 더 이상 겪고 싶지 않다. "우리가 살아온 지옥은 우리가 결론"지어야 훗날 많은 사람들이 더 이상 고통받지 않고 자유롭게 살아갈 수 있을 것이다. 따라서 "삶이 단 일 분밖에 남지 않았다고 한다면" 주저하지 않고 "그 마지막 1분을 깨끗한 영혼으로 보내고 싶다"라고 소망한다.

이와 같이 맑고 순수한 시인의 영혼에 군부는 불을 지폈다. 남녀노소 가릴 것 없이 많은 사람들이 독재 앞에서 처참하게 목숨을 잃어가고 있다. 캇우 시인은 「저주」를 통해 '포수'로 표현된 군부 독재에게 묻는다. "피를 흘리면서/ 작별 인사"를 해야 했던 "여 선생님". "포수들이여! 당신들도 집에 가서/ 당신들의 자녀를 볼 때/ 선생님의 얼굴을/ 지울 수 있을까요?"라고 말이다. 군부인 당신들도 집에 가면 한 집안의 가장이자 따뜻한 아버지, 누군가의 자식일 것이다. 한민족임에도 불구하고 피를 묻혀야 하는 상황이 애석하다.

"결국 봄은 개에게 물렸"(네웬칸, 「봄이 개에게 물린 날」)지만, "두려움으로 두려움을 맞"(뚜탓산, 「혁명」)서고자 한다. "그림자는 지울 수 있으나/ 과거는 지울 수 없다".(마웅쭈옌, 「피가 묻은 캔버스」)기 때문이다. "내 목숨을/ 무기로 삼아"(소카인녜잉, 「군중혁명」) "목표를 향해/ 날개를 펴고/ 날아가자!"(네뚜카(밋찌나), 「전쟁을 부르는 소리」)고 수없이 외친다. "캄캄한 이 밤에/ 가장 빛나는 별은/ 민주주의"(떼마웅, 「별이 빛나는 밤에」)임을 잊지 않으려 한다.

　　이것은
　　아랍의 봄이 아니고
　　미얀마의 봄

　　시대를 군악마가 끌어내리니

　　그래 기억하라
　　시대가 우리의 어깨 위에 있다
　　국민의 피 한 방울 떨어지면
　　너희들에게 지옥 그 자체가 될 것이다
　　이것은 우리들의 혁명 소리
　　우리에게
　　역사가 있고 뿌리가 있다
　　아웅산 장군*은 투쟁으로 독립을 쟁취했고
　　비예나웅 장군**은 나웅요 전쟁에서

자기 뗏목을 부수고 죽음을 각오하고 싸웠다
그래
이 정도만 얘기한다

무장하고도
겁먹은 집단은 너희다

눈이 멀었나
귀가 멀었나
양심이 없어졌나
말하기도 창피하다

너희들에게
다음 장은 없어야 한다
이 연극으로 모든 것이
끝이다

너무 걱정하지는 마라
우리는 목숨을 빼앗지 않고
정신만 죽여버리겠다
(…)

*아웅산 장군: 미얀마의 독립운동가로 아웅산수찌 여사의 아
버지이기도 하다.
　　**비예나웅(18세기) 장군: 미얀마 몬 왕조가 통치하던 나웅요
(에야와디지역 야웅야구)에서 목숨을 걸고 싸워서 승리한 후 태
국까지 영토를 확장하였다.

　　　　　　　　— 루엔뚜, 「시대가 우리의 어깨 위에」 부분

　　이 이야기는 먼 나라 이야기가 아니고, 지금 미얀마가 처해 있는 현
실이다. "아랍의 봄이 아니고/ 미얀마의 봄"을 위한 것이다. 지금까지 어
렵게 온 "시대를 군악마가 끌어내리니" 형국이 되었다. 더 강성해져야
하는 시대에 이를 군악마가 무너뜨리고 만 셈이다. 이에 기억해야 할 것
이 있다. 그것은 다름 아닌 "시대가 우리의 어깨 위에 있다"는 점이다.
소중한 "국민의 피 한 방울"이 군부에게는 "지옥 그 자체가 될 것이다".
국민 한 사람 한 사람의 힘이 모여 더 큰 "혁명 소리"를 낼 것이기 때문
이다. 국민들에게는 "역사가 있고 뿌리가 있다"는 점을 간과해서는 안
될 것이다.
　　뿌리에서 봄이 온다. 튼튼한 뿌리를 가지고 있으면 생명을 유지할
수 있고, 그 생명이 새봄에 새싹을 틔우게 하는 원동력이자 구심점이
된다. 뿌리가 약하다면 비바람에도 쉽게 흔들려 뽑히고 말 것이다. 이

뿌리는 하루아침에 단단해지지 않는다. 오랜 시간 그 자리에서 모진 비바람을 견뎌낸 끝에 만들어진다. 이것이 뿌리가 존재하는 힘이다. 보이지 않는 곳에 정착하여 있으면서 위로 가지가 뻗어 나가게 하는 역할을 한다.

미얀마에도 든든한 뿌리가 되어 주었던 사람들이 있다. 미얀마의 독립운동가이자 아웅산수찌 여사의 아버지이기도 한 '아웅산 장군'과 미얀마 몬 왕조가 통치하던 노우요에서 목숨을 걸고 싸워 승리한 후 태국까지 영토를 확장하였던 '비예나웅 장군'이다. 이들이 오랜 시간 땅의 에너지를 통해 단단하게 심어놓은 뿌리가 있기에 미얀마의 국민들은 쉽게 흔들려 뽑히지 않을 것이다.

오히려 "무장하고도/ 겁먹은 집단은" 국민들이 아니라 군부이다. 군부는 보지도 않고, 듣지도 않고, 양심도 없이 악행을 자행하고 있다. 이러한 군부들에게 "다음 장은 없어야 한다/ 이 연극으로 무든 것이/ 끝"이 되어 억압이 사라져야 한다. 하지만 국민들은 생명의 존엄함을 아는 현명한 사람들이니 "너무 걱정하지는 마라". "목숨을 빼앗지 않고/ 정신만 죽여버"릴 것이기 때문이다.

이 시집에는 긴박한 시대적 상황으로 인하여 '혁명'이라는 제목의 시들도 많이 발견된다. 혁명의 역사는 유구하다. 그리고 지금도 반복되고 있다. "어둠으로 가득 찬 하늘/ 흔들리고 밝아질 하늘/ 우리 모두가 함께 열자/ 우리 모두가 국민이고/ 우리 모두가 국가다"(요미예, 「혁명」)라는 신념으로 미얀마에서는 오늘도 혁명의 역사에 한 줄을 더 추가하고 있다. 총알은 "맞출 때도 있고/ 빗나갈 때도 있다/ 그리고 쏜 사람에게 되돌아가기도 한다"(뚜카메인흐라인, 「사랑에 빠진 날에 얻은 시」)는 믿음으로 역사를 향해 앞으로 나아가고 있다.

> 너희들의 검지 손가락을
> 함부로 당겨서
> 나온 총알은
> 우리의 가슴을 빠르고 강하게
> 뚫었다
> 우리는 죽었다
> 우리는 죽어야 했다
> 그러나 역사는
> 살아 있다
>
> — 링딴네잉, 「혁명」 전문

역사는 함부로 죽지 않는다. 그리고 함부로 사라지지도 않는다. 좋았던 일, 슬펐던 일, 억울했던 일 등 모든 시간을 역사는 알고 있다. 군부독재가 쏜 총알에 가슴이 뚫려 죽어야 했지만, 역사는 살아서 모든 것을 다 보고 있다. 그러니 역사 앞에서 거짓을 고하는 것은 있을 수 없는 일이다.

이미 민중들의 "피는 강하게 흐른다/ 무기는 필요 없다/ 단결로 싸우는 시대/ 주먹도 필요 없다/ 신념으로 맞서는 시대"(킷셋링, 「담」)이다. 그렇기 때문에 "적들과 함께 평화를 논하며/ 타협하는 일은 있을 수 없다/ 그리한다면 민중은 길을 잃고/ 참혹한 결과 앞에 무릎 꿇는 일만 남을 것이니/ 협상은 없다고/ 소리 높여 외치며 항거"(아웅띤카인, 「총을 낚아 채시게」)한다. 혁명의 끝에 머지않아 빛이 도래할 것이기 때문에 어둠은 오래갈 수 없을 것이다.

목숨을 내놓아야 하는 일에 두려움이 없다는 것은 있을 수 없는 일이다. 하지만 이 두려움에 맞서, 두려움을 견디며 전진하는 이유는 단하나, 보다 나은 미래를 위해서이다. "어두운 시대의 나쁜 체재를/ 우리 후손들에게/ 절대 주지 말자"(민나디카, 「혁명」)는 이유에서이다. "짚 한자락이 무기/ 명령과 권력에는 저항/ 어떤 것에도 두렵지 않는 것은 나의 진실/ 자애심은 기부이며/ 나의 이기심 짓밟고/ 나의 후세를 위해 전진 한다"(또흐나잉모, 「혁명」)하는 것이다. "살고자 하면 싸워야 하고/ 죽음을 두려워하지 않고 싸우면/ 우리의 혁명은 승리"(모쩌테이, 「혁명」)할 것이다.

어머니 그리고 다시 올, 봄

루아웅(웬뜨웬)의 「어머님께」는 부모님께 올리는 안타까운 마음이 담겨 있다. 어머니는 국가를 막론하고 늘 그립고 사무친 존재이다. "걱정스레 마을에 돌아"왔지만 "매일 아침에 돋는 해"는 그동안 "보던 태양"이 아니고, "지금 빛나는 구름도/ 보던 구름이 아"니다. 나라의 안위를 위해 투쟁에 참여하면서도 한편으로는 부모님을 생각하면 마음이 편하지 않다.

용서해주세요, 어머니!
군의 행진곡이 고개를 들기 시작한 날에
식구 한 명을 잃은 것과 같이 가슴이 아팠습니다
온 나라가 총소리로 꽉 찬 날처럼 느꼈습니다

2월 혁명의 소리와 함께
이 지구가 망하지 않는 한 혁명을 허락해주세요,
어머니!

미래를 잃지 않으려고
이 아들은 시를 계속 지을 것입니다
어머니의 은혜를 모르는 것이 반
사회에 대한 의무를 다하는 것이 반
이 아들이 길거리에 나서야 할 때가 되었습니다

아들에 대한 아픔이 반
자랑스러워 하는 것이 반

저를 용서해 주세요

이 아들을 망설이게 하는 것은
군 악마의 총알들이 아니라
어머니들의 눈물입니다

악마들의 별자리가 좋은 하늘 아래
간염을 앓는 이 나라를 치료하는 잔치에
이 아들에게 아무것도 아닌 붓으로
오! 헨리의 마지막 잎새를 목숨 걸고 그리게 해 주세요
　　　　　　　— 까웅긴꼬, 「용서해주세요, 어머니」 부분

모든 국민이 투쟁을 향해 나아가는 시점, 국민들과 함께 시위 현장
에 나가 투쟁을 외치고 싶지만 한 가지 마음을 아프게 하는 것이 있다.
그것은 어머니라는 존재의 이름이다. 위의 시는 이러한 어머니에 전하
는 이야기이다.

시 속의 화자는 우선 어머니에게 용서를 구한다. "군의 행진곡이 고
개를 들기 시작한 날에/ 식구 한 명을 잃은 것과 같이 가슴이 아팠"고,
"온 나라가 총소리로 꽉 찬 날처럼" 느껴졌다. 이에 시인은 거리로 나가
혁명에 동참하고 싶어한다. 하지만 어머니를 생각하면 마음이 아프다.
하여 혁명에 동참하고자 하는 마음을 어머니에게 전달하고 허락을 구

하고자 한다. 화자인 "아들을 망설이게 하는 것은/ 군 악마의 총알들이 아니라/ 어머니들의 눈물"이기 때문이다.

사실 어머니가 허락하지 않아도 혁명에 동참할 것이라는 것은 다아는 바이다. 그럼에도 불구하고 어머니에게 허락을 구하고자 하는 것은 나라를 위해 한 몸 기꺼이 바치고자 하는 마음도 중요하지만, 어머니를 사랑하는 마음도 크기 때문에 그리고 어머니가 흘릴 눈물의 의미를 알기 때문이다. 여기에서의 어머니는 시인 한 개인의 어머니이기도 하지만, 혁명에 동참하고자 하는 미얀마 청년들을 둔 미얀마의 모든 어머니이기도 하다.

"미래를 잃지 않"기 위해 "이 아들은 시를 계속 지을 것"이다. "어머니의 은혜를 모르는 것이 반/ 사회에 대한 의무를 다하는 것이 반"이다. 정말 어머니의 은혜를 모르는 것이 아니라, 그 사랑이 너무 크고 넘쳐서 갚을 길이 없는 마음을 반어로 전하고 있다. 그러니 어머니는 "아들에 대한 아픔이 반/ 자랑스러워 하는 것이 반" 그렇게 자신을 용서해 주기를 간곡히 부탁한다.

"마지막에는/ 좋은 사람만 이긴다"(링딴넹, 「봄 학교」)는 링땅넹 시인의 말이 전언처럼 들린다. '좋은 사람'을 하나의 단어로, 한 줄의 문장으로 정의할 수 없지만 분명 삶의 가치를 귀하게 여기고 생명의 존엄성을 인지하고 있는 사람들일 것이다. 이러한 '좋은 사람'들에게 '봄'은 "무기로 방어해도/ 소용이 없다"(미잇아웅, 「봄 혁명」). "말해 봐라/ 봄을 구속했단 말인가// 자, 봐라!/ 술레파고다 거리에는/ 저항의 꽃들이 피었다"(아웅킨미인, 「봄의 시」). 양곤 시청 앞에 있는 사원에는 이미 저항의 꽃들이 피어나고 있다. 이들에게 봄은 머지않아 곧 도래할 것이다.

꽃들을 잡아 감금했으나
봄은 자유롭게 태어났다
2월의 봄은 모두가 빛을 향해
다 함께 외치면서 노를 저어 행진한다
어둠에서 지내온 미개한
악마 같은 군인은 보잘 것 없다

— 켄흐닌포웨, 「2월의 봄」 전문

"꽃들을 잡아 감금했"지만 "봄은 자유롭게 태어"나고 있다. 꽃망울을 터뜨리지 못하게 잡아놓는다고 하여 꽃이 피지 않는 것은 아니다. 피는 시기가 늦어질 수는 있겠지만, 꽃망울은 기어코 자신의 임무를 완수할 것이고 꽃은 피어날 것이다. 피어나는 꽃 앞, "어둠에서 지내온 미개한/악마 같은 군인은" 당연히 보잘것없는 존재에 불가하다.

독일의 시인 질레지우스의 "장미가 피는 데는 이유가 없다. 그것은 피기 때문에 핀다."라는 말처럼 꽃들이 피어나야 하는 특별한 이유는 없다. 겨울이 가고 봄이 와서 새싹이 돋아나고, 꽃망울을 맺어 꽃이 피어나는 것은 당연한 자연의 순리이기 때문이다. 자연의 이치를 거슬러 순리를 역행하는 것은 지양해야 할 일이다. 독재의 정권이 아니라 모두가 함께하는 민주주의의 실현 역시 마찬가지이다. 민중이 간절히 원하는 방향으로 나아가야 하는 것이 참다운 봄의 향현이 될 것이다. 여기저기 꽃들이 피어나는 봄은 누구에게나 축복이 되어야 한다. 축복을 축복답게 누릴 수 있는 날. 그날이 진정 봄이다.

늦은 겨울의 산속 자스민꽃들
붉게 피어나듯
형제들이여 평화롭고 당당하게 피어나라

노랗게 변한 잎들
새싹들이 돋아나듯
혁명의 깃발 당당하게 올리자

봄이 새로워졌다
나쁜 제도의 뿌리를 뽑자
새로운 역사에 이름을 새겨
새로운 연방국가를 만들자
평화를 위해 단결하자 대혁명이여
무조건 승리한다 승리한다

— 하셰인, 「새로운 봄의 노래」 전문

겨울은 텅 빈 허무의 공간이자 소멸의 시간이다. 식물은 잎을 감추고, 동물은 동면에 들어간다. 아무것도 없는 소멸의 시간이지만 웅크림을 통해 미래를 생성하기 위한 도약을 하는 시간이기도 하다.

　　겨울에 꽃이 피는 식물은 드물다. 겨울이 되면 한해살이풀은 모두 말라 죽지만 혹독한 겨울을 견디는 꽃들이 있다. 즉 봄에만 꽃이 피는 것은 아니라 매서운 겨울에도 꽃들은 피어난다. "늦은 겨울의 산속 자스민꽃"이 그러하다. 그것도 붉은 꽃을 피워낸다. 시 속 화자는 자스민꽃처럼 "형제들이여 평화롭고 당당하게 피어나" "혁명의 깃발 당당하게 올리자"고 당부한다. "나쁜 제도의 뿌리를 뽑"고 "새로운 역사에 이름을 새겨/새로운 연방국가를 만들"어 "평화를 위해 단결하자"며 새로운 봄을 기다린다.

　　　　이 봄에 나뭇잎들이
　　　　떨어지지 않을 거라고 들었다

　　　　어깨가 길을 젊어지고 가야 한다
　　　　어둠을 뚫고 태양을 향해
　　　　돌진해야 한다

　　　　우리의 아이들
　　　　우리의 미래들

어둠 속의 따뜻한 햇빛 속으로

우리가… 우리가… 짊어지고 가야 한다

— 킷셋렌,「어깨」 전문

봄을 갈망하는 이유는 "우리의 아이들/ 우리의 미래들" 때문이다. 군부의 독재가 아닌 모든 국민이 스스로의 권리를 행사할 수 있어야 한다. 이를 위해 어깨에 "길을 짊어지고" "어둠을 뚫고 태양을 향해/ 돌진해야" 하는 어려움도 거부하지 않는다. "이 봄에 나뭇잎들이/ 떨어지지 않을" 것이라는 믿음 하나로 "우리가… 짊어지고" 그 먼 길을 기꺼이 가고자 한다.

까웅뗏모 시인은 「내일」에서 "최전방에서 목이 쉴 정도로 소리를 지르"며 "내가 하지 못한 일을 하고" 있는 "나의 시인과 형제들에게 존중과 경의를 표하며/ 경례를 한다". 그리고 한 가정의 아버지로서 자식들에게 말한다. "아들아 딸들아/ 아버지는 보통사람/ 아버지가 물려 줄 수 있는 유산은/ 군 독재자와/ 군 독재자를 지지하는 어떠한 집단도/ 절대 지지하지 않았다"라고 말이다. 까웅뗏모 시인은 아무것도 하지 않은 것이 아니라, 한 개인으로서 지금 할 수 있는 가장 위대한 일을 하고 있다. 이처럼 한 명의 개개인들이 모이면 더 큰 함성이 되고, 더 큰 응원이 될 것이다.

시인들

시인들의 책무는 시대적 상황을 글을 통해 있는 그대로 보여주는 것이다. 성공한 역사이든 실패한 역사이든, 혹은 비통한 역사이든 역사 그 자체를 보여준다. 그리고 그에 대한 해결책을 제시하여 듣는 사람으로 하여금 함께 행동하도록 견인하는 역할을 해야 한다. "심장이 없는 이들의 검열 아래/ 우리의 시들이 추락해서는 안 된다"(마레이킨, 「우리의 봄을 다시 되찾고 싶다」)는 것은 자명한 사실이다.

> 아름다운 미래를 위해
> 우리가 떠나는 날
> 아름다운 생각과 함께 가노니
>
> 눈이 내리면 우리는 행복하고
> 비가 와도 우리는 행복하다
> 여정 끝까지 우리는 예쁘게 살아가노니
> 우리는 시인들
> 우리는 시인들
>
> 보고 싶어 쓴 장미꽃 이야기
> 아침에 나를 환영해주오

보고 싶어 쓴 첫사랑 이야기

아침에 나를 환영해주오

너무나 아름다운 구름 사이로

우리 시인들이 비를 만들어 내리니

세계의 평화를 염원한다

장미꽃이 피면 나를 환영해주오

나는 시인

악이 없는 세상을 찾고 있는 한 시인

너무나 아름다운 장미꽃이여!

늘 아름답게 피어라

너희들을 사랑한다고

나의 시에 담았다

— 펫네잉몃,「우리 시인들」전문

　　화자는 "아름다운 미래를 위해/ 우리가 떠나는 날/ 아름다운 생각
과 함께" 가겠다고 말한다. 비록 현실은 비통하지만, 그 현실이 아름다
운 미래를 향해 나아가야 하는 방향이라면 함께 하겠다고 다짐한다.
그리고 이어서 말한다. 혹여 우리가 떠나게 되더라도 그동안 함께 하였

던 아름다운 생각과 함께 가겠다고 말이다.

"눈이 내리면 우리는 행복하고/ 비가 와도 우리는 행복하다". 이 여정의 끝이 어디인지 확언할 수는 없지만 "여정 끝까지 우리는 예쁘게 살아가"겠다고 말하는 "우리는 시인들"이다. "아름다운 구름 사이로/ 우리 시인들이 비를 만들어" "세계의 평화를 염원"하고, "악이 없는 세상을 찾고 있는 한 시인"이다. 죽기를 각오하고 혁명에 동참한 이 땅의 "너무나 아름다운 장미꽃이여!" 그대들이 "늘 아름답게 피어"나길 시인은 온 마음 다해 간절히 소망한다. 이 시는 이러한 마음을 "시에 담"아 보여주고 있다.

우리에게는 무기가 없다
원하지 않는다
우리에게는 작은 바늘도 없다
갖고 싶지 않다

우리에게는 오직 진실만 있다
세 손가락을 세운다
우리에게는 신념의 깃발만 있다
대나무를 세워 날린다
우리에겐 의무가 있다
분노하며 저항한다

우리에겐 외침들이 있다

혁명은 반드시 승리한다

(⋯)

혁명은 성공한다

혁명은 성공한다

혁명은 성공한다

— 아웅뗏짜인, 「오늘의 길」 부분

이들에게는 "무기가 없다". 무기를 원하지도 않는다. 심지어 "작은 바늘도 없다". 그렇다고 하여 작은 바늘도 "갖고 싶지 않다". 무기와 바늘은 없지만 이들에게는 있는 것이 있다. "오직 진실"과 "의무가 있다". 이에 이들은 "세 손가락을 세"우며 "신념의 깃발"을 든다.

'세 손가락 경례'는 2012년에 개봉한 <헝거게임>에서 유래된 것이다. 오른손의 검지, 중지, 약지 세 손가락을 펼쳐서 하늘로 향하게 하는 것이다. 영화에서 독재 국가인 판엠에 맞서기 위해 혁명을 일으킨 사람들의 인사이다. 2014년 태국 군부 쿠데타에 반발하는 태국 시위대가 저항의 상징으로 사용한 바 있다. 이후 홍콩과 미얀마에서도 민주화 시위에 사용되고 있다. 미얀마의 시위 현장에서 세 손가락 경례는 선거, 민주주의, 자유 등을 나타내는 의미이다.

여전히 많은 사람들이 희생되고 있다. 하지만 이 희생을 감내할 만큼 그만큼 간절하다. 보이지 않는 안개 속에서 헤쳐 나올 길이 없는 막막한 긴 싸움이지만 아직 역사는 살아있음을 증명해 보이고자 한다. 그렇게 된다면 머지않아 "혁명은 성공"할 것이다.

2월의 봄은 지나갔다. 그럼에도 불구하고 "3월은/ 혁명의 시를 계속"(멘농르하인, 「봄의 교향곡」) 쓰겠다고 한다. "작은 나뭇가지들을 모으면 큰 묶음의 나뭇가지가 되고/ 작은 손가락들을 모으면 주먹이 된다/ 국민들이 다 함께 뭉치면/ 무너지지 않을 독재"(렌땃녜잉, 「쉐바의 주먹들」)는 없다. "장미꽃을/ 꺾어도/ 장미는 죽지 않는다/ (…)/ 충성심이 있는 꽃들은/ 정의의 꽃들을 피"(데보와우, 「정의의 꽃들」)울 것이다.

1980년 5월 우리나라에서도 군부에 맞선 항의 시위가 있었다. 항의 시위에 나선 무고한 시민들을 향해 무차별 폭격을 가하였고, 많은 시민들이 거리에서 처참하게 죽음을 맞이하였다. 당시 군부에 맞섰던, 그리고 광주가 겪어야 했던 일들이 40여 년이 지난 지금 미얀마에서 반복되고 있다.

이에 광주의 시인과 작가들도 미얀마의 아픔에 동참하고자 하였다. 2021년 3월 22일부터 미얀마 민중들의 민주주의를 지지하기 위해 광주전남작가회의 소속 시인들이 『광주 in』에 릴레이 형식으로 시 작품을 발표하며 연대하고자 하였다. 1980년 5월 「아아, 光州여 우리나라의 十字架여!」를 발표하여 광주의 참상을 전 세계에 알렸던 김준태 시인을 선두로 광주전남작가회의 소속 시인들이 미얀마 민주화 투쟁에 함께 하였다. 김준태 시인의 「미얀마에서 제비가 날아온 다!」, 고재종 시인의 「미얀마 시인 텃 샤니 씨와 그의 조국의 안녕을 기원함」, 김희수 시인의 「만 리 밖의 함성은 무등에 걸려」 등 많은 시인들이 동참하였다.[7] 민주화를 향한 미얀마 시민들의 투쟁이 지 난 1980년 광주의 5월을 보는 듯하여 간과할 수 없었던 것이다.

혁명의 시간은 두렵기 마련이다. 손에 잡히지 않는 시간들을 견뎌내 며 불투명한 미래에 대해 불안함을 견뎌야 하는 상황은 많은 인내심을 필요로 한다. 비록 "최악의 상황에서/ 최선을 기대할 수 밖에 없"(렌펫 예잉, 「늦은 봄」)는 상황이지만, "앞만 보고 가라/ 언젠가는 도착"(뗀모, 「승리의 정신」)할 것이다.

---

7) 한송희 기자, 「광주전남작가회의, 미얀마 응원하는 릴레이 연대시 진행」, 『뉴스페이퍼』, 2021.03.16.

비유적 형상화를 통해 바라본 삶의 방향성

현대사회는 빠른 속도로 변화하고 있다. 다양한 정보와 지식이 넘쳐나고, 어느새 인공지능이 일상생활에서 상용화되기 시작하였다. 과학기술과 문명은 점점 발전하고 있지만, 인간의 행복지수는 빠른 속도로 높아지지 않는다. 더욱이 현대사회는 읽는 것에서 보는 것으로의 전환이 이루어지고 있다. 읽고 생각하는 대신 시각을 통해 보고 남은 잔상을 소비해버리는 데 그치고 있다. 자신의 내면을 탐구하고 올바른 인간의 삶의 방향성에 대해 생각하지 않는다면 진정한 행복을 찾지 못할지도 모른다. 이러한 상황에서 인간의 올바른 방향성을 제시해 주는 것이 당대를 대변하는 문학이 아닐까 한다. 문학은 자신의 내부 심리에 대해 보여주기도 하지만, 당대의 사회문화적 현실과 직면하고 있는 문제점들을 보여주기도 한다. 인공지능과 로봇이 인간과 다른 점도 바로 이러한 당대 현실을 보여주고 생각하게 만드는 힘일 것이다. 따라서 우리는 독서나 명상과 같이 고요한 시간을 통해 자신의 내면을 들여다보고 심리적으로 보다 더 발전하기 위한 삶을 살기 위해 노력해야 할 것이다. 이에 여기에서는 삶의 면면을 통찰하여 비유적으로 보여주어 삶의 방향성을 제시하고 있는 시편들을 살펴보기로 하겠다.

잉게보르크 바흐만*의 책처럼

삼십 세엔 삶을 그만둬도 괜찮겠다

생각한 적 있었지

삼십 세

아이들 낳아 키우고

사십 세

아이들 돌보고 세상을 살고

오십 세

육신이 망가져 버린

남편과 씨름하며 보냈네

육십 세

더 이상 죽음을 생각하지 않아

걸음 서툰 아이처럼

산다는 건 여전히 어렵지만

열어논 창문으로 도둑이 넘어오듯

언제든 슬그머니 그 순간이 오거든

애쓰지 않아

하늘이 흐리면 비가 내리고

절기 따라 얼굴 다른 꽃이 피고

아기의 웃음에 세상이 자지러지듯

거스를 수 없는 게 세월이란 걸

이 나이에 비로소 알게 되었네

뭐 괜찮아

그거라도 알게 됐으면

* 잉게보르크 바흐만(1926~1973). 오스트리아 시인. 소설『삼십
세』발표

— 한경희,「육십 세」전문

이 시는 잉게보르크 바흐만의『삼십 세』에서 착안된 것으로 보인다.
『삼십 세』는 시인이자 철학가인 잉게보르크 바흐만의 첫 산문집으로
삼십 세를 주제로 하고 있다. 시 속 화자인 시인 역시 잉게보르크 바흐
만의『삼십 세』를 읽으며 그때는 "삼십 세엔 삶을 그만둬도 괜찮겠다"
생각하였다. 삼십 세에는 아이들을 낳아 키우고, 사십 세에는 커가는
아이들을 돌보며 살아가고, 오십 세에는 열심히 삶을 살았다는 것을
증명하듯 육신이 망가져 버린 남편과 씨름하며 보냈다.

육십 세에는 더 이상 죽음을 생각하지 않는다. "걸음 서툰 아이처럼/

산다는 건 여전히 어렵지만/ 열어논 창문으로 도둑이 넘어오듯/ 언제든 슬그머니 그 순간이" 오기 때문이다. 육십 즈음이 되니 시 속 화자인 시인은 "애쓰지 않아"도 흘러가는 세상의 이치에 대해 비로소 깨닫게 된다. "하늘이 흐리면 비가 내리고" 계절마다 서로 다른 꽃들이 피어나고, "거스를 수 없는 게 세월"이라는 것을 육십 세가 되어 알게 된 것이다. 그리고 "그거라도 알게 됐으"니 괜찮다고 말한다.

시 속의 삶은 언뜻 보면 평범한 것처럼 보이지만, 요즘처럼 복잡다단한 사회에서는 사실 이와같이 평범하게 사는 것이 더 어렵다. 더욱이 빠르게 변화하고 있는 사회에서 자신은 뒤처지고 있다고 생각하는 경우가 많다. 하지만 시인은 이러한 삶의 이치를 이미 터득하였다. 과도기를 지나 시행착오를 거친 일상생활의 소소한 것들이 오히려 더 귀하다는 것을 그간의 경험을 통해 알고 있다. 세상을 살아간다는 것은, 산다는 것은 결코 쉬운 일은 아니지만 "거스를 수 없는 게 세월이란 걸" 시인은 아는 것이다.

산다는 것은 앞으로 나아간다는 것이다. 스스로 사색하며 끝을 맺을 줄 알고, 좋은 일에는 기뻐할 줄 알며, 힘든 일에는 눈물도 흘릴 줄 아는 것이다. 감동도 받고 좌절도 해보고, 정답을 찾지 못해 절망도 해보고, 상대를 통해 나를 들여다보기도 한다. 경우에 따라서는 일이 잘 풀리기도 하지만 뜻대로 일이 진행되지 않는 경우도 다반사이다. 그럼에도 불구하고 여러 우여곡절을 겪으며 함께 손잡고 나아가는 것이 살아가는 것이다.

전직신청서를 보낸 후

12층 사무실에 앉아 있는데

꽃그림 바탕화면 모니터 위에

나비가 날아와 앉는다

높은 자리까지 어떻게 올라왔을까

나비도 도시에 익숙해져

승강기를 타고 올라온 걸까

생화 한 송이 없는 공간

자리 잡은 나비

어찌 살아가야 하나

날개가 점점 처져 내려간다

어린 딸아이가 떠오른다

나비를 보여주고 싶어

높은 아파트들과 아스팔트 위

달리는 자동차만 보이는 공간

처진 어깨로 살아온 날들

꽃밭에서 자라야 할 아이들이

활짝 꽃웃음을 피워야 할 아이들이

늘 학원 뺑뺑이에 시달려

집으로 들어오는 모양이

꽃밭을 찾지 못해 말라가는

나비를 닮아 있다

바탕화면 꽃그림처럼

자리에 박혀있는 난

꽃을 키우는 곳을 찾아가려

자리를 정리한다

— 오광석, 「나비」 전문

    화자의 사무실은 어느 도시의 12층에 있다. 도시 빌딩 숲 사이 높은 건물에 나비가 있을 수 없다는 것은 자명한 사실이다. 그런데 "꽃그림 바탕화면 모니터 위에/ 나비가 날아와" 앉아 있다. 도대체 나비는 12층까지 어떻게 올라왔을까. 화자는 어느새 "나비도 도시에 익숙해져/ 승강기를 타고 올라온" 것이라 생각한다. "생화 한 송이 없는 공간"에 거처를 잡은 나비는 어찌 살아야 할까. 점점 처져 내려가는 나비의 날개를 바라보다 화자인 시인은 어린 딸아이를 떠올린다.

    시 속 정황으로 보아 딸아이는 학교가 끝나면 여러 학원을 다녀온 뒤 귀가하는 것으로 보인다. "높은 아파트들과 아스팔트 위/ 달리는 자동차만 보이는 공간"에서 "처진 어깨로 살아"가는 도시의 아이들. 이 도시의 아이들 속에 시인의 딸아이도 있다. 과거의 아이들은 골목을 누비며 뛰어노는 것으로 제 소임을 다하였다. 특별한 장난감이 없어도 골목에는 아이들의 소리가 담을 넘나들었다. 현대사회 아이들은 집 밖에서 노는 것보다 집 안에서 노는 것을 더 선호하는 편이다. 밖에 나가 뛰어놓지 않아도 핸드폰이나 태블릿을 손에 들고 충분히 놀이를 대신할 수 있기 때문이다.

시인은 "꽃밭에서 자라야 할 아이들이/ 활짝 꽃웃음을 피워야 할 아이들이/ 늘 학원 뺑뺑이에 시달려/ 집으로 들어오는 모양이/ 꽃밭을 찾지 못해 말라가는/ 나비를 닮아 있다"고 생각한다. 결국 "바탕화면 꽃 그림처럼/ 자리에 박혀"있던 시인은 "꽃을 키우는 곳을 찾아가려/ 자리를 정리한다". 꽃을 키우는 곳에는 벌과 나비가 있기 때문이다. 전직신청서를 보냈다는 것으로 보아 화자인 시인은 현재 가족과 떨어져 직장생활을 하고 있는 것으로 추측된다. 이는 시인이 이제 곧 '꽃'을 키울 수 있는 즉, '딸아이'를 직접 볼 수 있는 곳으로 갈 수 있다는 것을 함의한다. 생명이 없는 꽃들이 지천에 널려 있는 삭막한 곳보다, 직접 꽃을 키우고 애정을 줄 수 있는 따뜻한 곳으로 향하는 날이 머지 않았으리라.

묵묵히 서 있는 주방 한쪽의 냉장고
잉태되어 가슴에 품고 산 세월 모질게 억누르고
고립의 선을 여닫이로 겨우 이어온
양문형 두 문짝

숨쉬기도 버거운 불룩한 뱃속에
포화상태로 냉기를 감싸 안은
배고픔을 위해 있는 재료들 안에서

숨쉬기를 빼앗기고 숙성된 자아도 접어둔 채

토막 난 생각들이 질식되어 만신창이로 굴러져

끈적한 핏줄이 뇌 속을 파고든다.

온갖 부패를 차단이라도 시키듯

용쓰며 발악하고 나온 처연한 울음소리 외면하고

양수 터진 시간 이후 탯줄 끊긴 세상 밖에서는

눈 뜨기가 무섭게 짓눌려진 목의 거센 무게

관자놀이 선연히 튀어나온 애착이 두드러졌어도

붉게 핏기선 붉은 자국이 비닐봉지 속에 얼려있는

이름 짓는 것조차 사치였던

작은 세포의 근심덩어리

주방에 우두커니 서 있는 양문형 냉장고

뒤죽박죽 어지러운 세상이라도

발버둥 쳐서라도 이어가고픈 목숨줄 앞에

마음도 빙하에 꽁꽁 얼리고 싶은

대형 棺

— 김일용, 「보관 (保棺)」 전문

위의 시에는 냉장고와 어지러운 세상이 오버랩되어 있다. 냉장고 없는 인간의 삶은 생각할 수 없다. 집집마다 냉장고가 구비되어 있고, 냉장고 안에는 온갖 종류의 다양한 음식들이 보관되어 있다. 가득 차 있는 음식물들은 집집마다 서로 다른, 그 나름의 질서를 유지하며 각각의 자리를 지키고 있다. 이러한 냉장고는 여러 가지 음식이 보관하기에 생명의 저장고에 비유되기도 한다. 인간의 생명이 냉장고 속 음식을 통해 이어지고 있기 때문이다. 하지만 이 시 속의 냉장고는 생명의 유지와 함께 생명이 멈춰진 관(棺)의 의미도 함의하고 있다.

냉장고는 늘 그 자리에서 모든 것들을 담아내기에 존재 자체를 인지하지 못하고 지내는 경우가 많다. 이런 냉장고의 세월이 순탄하지만은 않았으리라. 시 속에 등장하는 양문형 냉장고 역시 묵묵히 서서 주방의 한쪽을 지키고 있다. 냉장고는 그동안 "잉태되어 가슴에 품고 산 세월 모질게 억누르고/ 고립의 선을 여닫이로 겨우 이어"왔다. 냉장고의 "숨쉬기도 버거운 불룩한 뱃속에"는 "숨쉬기를 빼앗기고 숙성된 자아도 접어둔 채/ 토막 난 생각들이 질식되어 만신창이로" 담겨 있다. 그 안에는 검은 비닐봉지에 담겨 "이름 짓는 것조차 사치였던/ 작은 세포의 근심덩어리"도 있다. 냉장고는 그동안 "온갖 부패를 차단이라도 시키듯/ 용쓰며 발악하고 나온 처연한 울음소리 외면하고" 제 안의 것을 온전히 품어내며 살아왔다. "양수 터진 시간 이후 탯줄 끊긴 세상 밖에서는/ 눈 뜨기가 무섭게 짓눌려진 목의 거센 무게"가 존재한다는 것을 잘 알기 때문이다.

냉장고 속에는 지금 당장 먹어도 좋을 싱싱한 야채와 채소들도 있지만, 언제 넣어둔지도 모르는 정체불명의 음식들도 담겨 있다. 이에 시인은 냉장고를 대형 관(棺)에 비유한다. 관(棺)은 사람이 죽으면 그 시체를 담는 궤를 뜻한다. 냉장고가 죽은 음식물을 담고 있는 커다란 관(棺)이 된 셈이다. 냉장고 속 오래된 음식은 생명이 숨 쉬는 것이 아니라, 마치 시체처럼 보이기도 하기 때문이다. 원래의 냉장고라는 의미라면 음식을 맡아서 보관(保管)하는 용도여야 하지만, 이 시에서는 음식물을 지키다 죽음에 이르게 하는 대형 관(棺)의 의미로 사용되고 있다. 이는 원래의 보관(保管) 용도를 넘어, 뒤죽박죽 너무 많은 것들을 담아내고자 하는 것에 대한 질책이기도 하다.

악성이다
손 쓸 수 없이 퍼진 세포가 까맣게 박혀있다

울컥 느닷없이 여명(餘命)에
정 떼기로 작정하신
엄마, 여명(麗命)이 무색하다

알알이 박힌 서사에
속속들이 베인 눈물을
어떻게 풀어내고 달래 드려야 하나

기저귀 발진처럼 쓰린 기억을

욕창처럼 불쑥이는 설움을 자분자분 닦아내며

충분해요

사생명야(死生命也) 기유야단지상(其有夜旦之常) 천야(天也)

인지유소부득여(人之有所不得與) 개물지정야(皆物之精也), 용

비늘처럼 일어서는 기도

살아지고

사라지지만

살아가요 아직은

― 이령, 「용과」 전문

　이 시는 용과와 어머니의 삶이 중첩되어 있다. 용과는 열대 과일로
선인장 속 식물의 열매이다. 멕시코가 원산지이며 껍질은 붉은색이나
반으로 가르면 하얀 과육에 까만 씨가 가득 박혀 있다. 가지에 열린 모
습이 용이 여의주를 물고 있는 모습과 닮았다고 하여 용과라는 이름이
붙여졌다고 한다. 반으로 자르면 보이는 용과의 까만 씨처럼 엄마의 몸
속에도 "손 쓸 수 없이 퍼진 세포가 까맣게 박혀있다". 악성인 것이다.

얼마 남지 않은 여명(餘命)에 "정 떼기로 작정하신" 엄마의 삶은 "여명(麗命)이 무색하다". 평소 정정하셨던 엄마는 아마 누구보다도 딸을 위하는 마음이 지극하였을 것이다. 가야 하는 날이 머지않았다는 것을 알기라도 하는 것처럼, 딸과의 정을 떼기 위해 몸부림치는 엄마를 바라볼 수밖에 없는 시인의 심정을 어찌 언어로 표현할 수 있을까. 시인은 "알알이 박힌" 엄마의 서사를, 그 속에 "베인 눈물을/ 어떻게 풀어내고 달래 드려야" 할지 고민이다. "기저귀 발진처럼 쓰린 기억을/ 욕창처럼 불쑥이는 설움을 자분자분 닦아내며" 시인은 이제 충분하다고 생각한다.

"사생명야(死生命也) 기유야단지상(其有夜旦之常) 천야(天也) 인지유소부득여(人之有所不得與) 개물지정야(皆物之精也)"는 송나라 사상가인 장자(莊子)의 말이다. 이는 죽고 사는 것은 운명이고, 낮과 밤이 순환하는 것은 하늘의 이치라는 의미이다. 즉 사람의 힘으로 관여할 수 있는 것이 아니라는 뜻이다. 인간의 유한한 삶 역시 인간의 의지대로 이루어지는 것이 아니라 하늘의 뜻인 것이다. 그럼에도 불구하고 용 비늘처럼 엄마가 다시 회복되기를 바라는 시인의 간절함이 이루어지길 바라본다. 그러다보면 삶이 "살아지고" 또 언젠가는 "사라지"기도 하겠지만, 아직은 살아갈 힘이 남아 있기 때문이다.

지금까지 한경희 시인의 「육십 세」, 오광석 시인의 「나비」, 김일용 시인의 「보관(保棺)」, 이령 시인의 「용과」를 살펴보았다. 한경희 시인은

「육십 세」를 통해 경험에서 우러나오는 삶의 단상을 보여주었고, 오광석 시인은 「나비」 속에 등장하는 딸아이의 모습을 통해 빌딩 숲 사이의 각박한 현실에서 살아가는 모습을 보여주었다. 김일용 시인은 「보관(保棺)」에서 음식을 가득 담은 냉장고를 관(棺)의 이미지에 비유하여 보여주었고, 이령 시인은 「용과」에서 용과에 투사된 엄마의 삶의 모습을 보여주었다. 이들 시에는 비유를 통해 인간이 나아가야 할 삶의 모습을 보여주고 있다. 시는 인간이 살아가는 데 있어 필수불가결한 요소는 아니다. 그럼에도 시가 있기에 정서를 감응시킬 수 있고, 각박한 현실에서 삶의 여유를 찾을 수 있다. 빠르게 변화하고 있는 현대사회 속에서 흔들리지 않고 굳건히 자신의 자리를 지키며 올곧은 길을 가기 위한 걸음걸음이 여기에 놓여 있다.

타인의 세계, 일상의 삶에서 찾은 서정적 사유

하루하루 흘러가는 일상은 누구에게나 어떠한 상황에서나 모두 소중하다. 인간은 각자 현재 놓인 상황 속에서 매 순간 열심히 살아가고 있다. 특별한 일이 발생하지 않은 지극히 평범함이 오히려 더 귀하다는 것이 더 절실하게 와 닿는 요즘이다. 끊이지 않고 이어지는 사건사고들. 지구 반대편에서는 전쟁이 발발하였고, 그사이 무고한 시민들이 희생당하고 있다. 전쟁 속에서 국제적 난민이 늘어나고 있으며, 도의를 져버린 학부모, 마약, 칼부림 등 매일 예측할 수 없는 일들이 발생하고 있다. 이러한 시점에서 평범한 일상이 주는 소소함은 더욱 귀하다고 할 것이다. 이에 여기에서는 일상이 주는 이야기들의 계보를 따라가 보기로 하겠다.

볕 좋은 날이었고
사월초파일이었던가
무소유 법정 스님께서 법문 끝에
나머진 꽃에게서 들어라 하시니
이 봄날 어떤 꽃이 무슨 말을 하나
꽃 찾아 사방을 둘러보니

일찍이 피고 진 매화는 백마 타고 오는 초인*을 부르고

가을 산 후미진 곳에 피었던 용담꽃은

당신이 슬플 때 나는 사랑한다**고

저마다 사연으로 살아가고

살아가는 방식은 다 다르다고

세상에 당연한 건 없다고

봄이니 꽃이 피는

이 당연함을 당연하게 받아들이지 말라고

누군가 피어날 때 누군가는 져내리는데

돌아보면 꽃은 무슨 말을 했던가

꽃은 그렇게 말하며 수줍게

고개 떨궜던가 환하게 웃었던가

* 이육사

** 복효근

— 고찬규, 「한 소식–꽃말」 전문

　고찬규 시인의 「한 소식–꽃말」은 법정 스님의 이야기와 이육사, 복효
근 시인의 시를 차용하고 있다. 시 속 계절적 배경은 "볕 좋은 날"들 중
"사월초파일"이다. 사월초파일은 매년 음력 4월 8일로 석가모니의 탄

생을 기념하는 날로 불교의 연중행사 중 가장 큰 명절이다. 시인은 시간을 거슬러 과거를 회상한다. 사월초파일 법정 스님의 법문을 들었고, 법정 스님은 법문 끝에 "나머진 꽃에게서 들어라" 하셨다. 나머지는 꽃에게서 들으라는 것은 어떤 의미일까. 시인은 "이 봄날 어떤 꽃이 무슨 말을 하나" 사방을 둘러본다. "일찍이 피고 진 매화는 백마 타고 오는 초인을 부르고/ 가을 산 후미진 곳에 피었던 용담꽃은/ 당신이 슬플 때 나는 사랑한다고" 말한다. 꽃은 자연의 이치를 거스르지 않는다. 자신의 것이 아닌 것에 대해 욕망하지도 않는다. 도리에 역행하지 않고 시간의 흐름에 자신을 맡긴 채 순리대로 흘러간다.

풀과 나무들은 저마다 자기다운 꽃을 피우고 있다. 그 누구도 닮으려고 하지 않다. 그 풀이 지닌 특성과 그 나무가 지닌 특성을 마음껏 드러내면서 눈부신 조화를 이루고 있다. 풀과 나무들은 있는 그대로 그 모습을 드러내면서 생명의 신비를 꽃피운다. 자기 자신의 생각과 감정을 자신들의 분수에 맞도록 열어 보인다.

옛 스승(임제 선사)은 말한다.

"언제 어디서나 모든 것을 긍정적으로 생각하라. 그러면 그가 서 있는 자리마다 향기로운 꽃이 피어나리라."

자신의 존재를 있는 그대로 받아들이지 못하면 불행해진다. 진달래는 진달래답게 피면 되고, 민들레는 민들레답게 피면 된다. 남과 비교하면 불행해진다. 이런 도리를 이 봄철에 꽃한테서

배우라.

— 법정, 「꽃에게서 들으라」, 『홀로 사는 즐거움』(샘터사, 2004) 중

위의 글은 법정 스님의 『홀로 사는 즐거움』에 나와 있는 한 구절이다. 시 속 화자인 시인은 시 속에 등장하는 꽃을 통해 한 소식을 전하고자 한다. 꽃은 누구도 닮으려 애쓰지 않고, 저마다 자기다운 꽃을 피운다. 자기 자신의 생각과 감정을 자신들의 분수에 맞게 펼쳐 보이는 것이다. 진달래는 진달래답게, 민들레는 민들레답게 타인과 비교하지 않고 자신이 존재를 있는 그대로 받아들이며 피어난다. 그런데 인간은 자신의 존재를 있는 그대로 받아들이지 못하고, 나에게 없는 것에 집착한다. 나에게 부족한 것을 욕망하고, 타인과 비교하며 불행해 하며 다름을 인정하지 못한다. 따라서 시인은 이 봄날, 다름을 인정하여 억지로 꾸미려 하지 말고 있는 그대로의 본질을 받아들여 자기만의 고유한 방식으로 조화를 이루며 살아가는 삶의 방식을 꽃들에게서 배우라는 것이다.

인간은 누구나 저마다의 사연을 안고 살아간다. 보이는 것이 전부는 아닐 것이다. 학생은 학생 나름대로, 청년은 청년 나름대로, 남녀노소를 막론하고 그들만의 사연을 안고 살아가고 있다. 정해져 있는 규칙이 있는 것은 아니지만, "저마다의 사연으로 살아가"는 사람들의 "살아가는 방식" 역시 모두 다르다. 이들은 각자만의 고유한 방식으로 묵묵히 자신의 길을 간다. 때문에 세상에 당연한 것은 없는 것이다. 봄이 왔

기 때문에 꽃이 피는 것은 당연하지 않다. 꽃을 피우기 위해 오랜 시간 공들여 노력하였고, 적당한 햇살과 비와 바람이 충분히 제 역할을 하였기에 가능한 것이다. 이처럼 우리가 당연하게 생각했던 것들이 당연하지 않은 순간들도 있다.

이는 사람 사이에도 마찬가지이다. 주는 마음과 받는 마음이 다른 것처럼, 당연하다고 생각하고 단정 지어 했던 행동들이 상대에게는 상처가 되기도 한다. 그냥 어쩌다 오는 것이 아니라 모든 것들은, 열심히 노력한 결과물인 셈이다. 봄이어서 꽃이 피는 것이 아니라 오랜 인고의 시간을 견뎌냈기에, 그 기다림 끝에 꽃을 피운다는 것을 인간은 망각해서는 안 될 것이다. 또한 "누군가 피어날 때 누군가는 져내리"기도 한다. 피는 것이 있으면 지는 것도 있기 마련이다. 봄이니 모든 꽃이 만개하는 것이 아니라 순리를 따르며 힘든 시간을 견뎌냈기에 가능한 것이다.

엄마 대신 몸뻬만 남았다

항아리 바지 입으면 엄마라 안 부를래
산골 할머니 같아서 창피해
얼룩덜룩 꽃무늬 벽지 입은 것 같아

눈 흘기고 투덜거리면 엄마는 세상을 향해 웃었다

몸뻬 입으면 무서운 게 없어

덤빌 테면 덤벼 하듯이

이 몸뻬가 네 아버지보다 좋다아

내 마음 편하게 해준 건 이것뿐이야

날 구겨 트리지 않은 것도 몸뻬뿐이야

엄마는 평퍼짐한 바지에 엉덩이를 넣으며 일갈했다

드라마 보는 몸뻬

밭일 하는 몸뻬

손주 업은 몸뻬

허리춤의 꼬깃꼬깃 고무줄로 감은 지폐와

곶감 몇 개

엄마 세상 떠난 뒤

빨랫줄에 걸려 우는 몸뻬

빨래를 걷어 내가 입었다

엄마처럼 구겨지지 않았다

몸뻬는 옳다

— 마선숙, 「몸뻬는 가고」 전문

몸뻬는 일을 할 때 편하게 입는 바지로 주로 할머니의 모습을 연상시킨다. 여러 가지 무늬가 새겨져 있지만 대부분 자잘한 꽃무늬가 많다. 1940년 제2차 세계대전 중 일본이 자원과 경비를 절약하기 위해 남성에게 국방색의 국민복을 입게 하였고, 여성복으로 부인표준복을 입게 하였다. 이 부인표준복 가운데 하나가 몸뻬이다. 식민지 시절 일본은 우리나라 국민들에게도 사회통제와 군수품 조달 목적으로 몸뻬를 입게 하였다. 당시 몸뻬를 입지 않은 여성은 버스나 전차 탑승이 금지되었고, 심지어는 관공서, 극장 출입도 금지되었다. 처음에는 몸뻬의 흉한 모습으로 반발이 심하였으나, 아이러니하게 지금도 널리 사용되고 있다.

화자인 시인에게 엄마는 이 몸뻬로 남았다. 현재 엄마는 돌아가시고 안 계시지만, 몸뻬가 엄마의 그 자리를 대신하고 있는 것이다. 어린 시절 철없던 시인은 몸뻬 입은 엄마가 부끄러워 "눈 흘기고 투덜거"렸다. 바지의 자잘한 꽃무늬가 마치 "얼룩덜룩 꽃무늬 벽지"를 연상시켰기 때문이리라. 통이 넓은 "항아리 바지 입으면 엄마라 안 부를래/ 산골 할머니 같아서 창피"하다고 투덜거렸지만, 엄마는 시인의 말에는 아랑곳하지 않고 오히려 "세상을 향해 웃었다". 몸뻬만 입으면 세상에 무서운 게 하나도 없기 때문이다. 엄마는 무엇이든 다 할 수 있을 것 같은 기운을 몸뻬를 통해서 얻었던 것이다.

당시 엄마에게 아버지보다도 좋고, 자신을 구겨버리지도 않는 것은 몸뻬뿐이었다. 시인의 엄마가 살았던 당시는 지금과 같은 남녀평등의 시대가 아니라, 남녀가 해야 하는 일이 엄격하게 구분되어 있던 시절이었을 것으로 추측된다. 그렇다면 아버지의 일, 그리고 어머니의 일이 나누어져 있었음은 자명하다. 엄마보다 바깥의 일을 더 우선시하였던 아버지의 삶과 이런 아버지에게 서운한 감정을 보여주지 못하였던 엄마. 감정을 내비치지 않는 것이 엄마의 도리였을 것이다. 따라서 엄마에게 이 몸뻬는 아버지의 자리를 대신해준 고마운 존재이다. 또한 여자라고 무시하고 공격하였던 세상으로부터 자신이 구겨지지 않고 살아올 수 있도록 유일하게 지켜준 존재이기도 하다.

"드라마 보는 몸뻬", "밭일 하는 몸뻬", "손주 업은 몸뻬"는 모두 엄마의 모습이다. 허리춤에는 "꼬깃꼬깃 고무줄로 감은 지폐" 몇 장과 "곶감 몇 개"를 넣어두셨던 엄마의 삶은 풍족하지 못하였다. 하지만 자식을 위한 마음만큼은 세상 그 누구보다 풍족하였을 것이다. 몸뻬 입은 엄마의 모습이 싫어서 어릴 적 그렇게 투덜거렸건만, 시인도 엄마의 나이쯤 되어보니 엄마를 이해하게 되었다. 그렇게 싫어하였던 몸뻬를 현재 시인이 입고 있는 것이다. 그런데 중요한 것은 시인은 "엄마처럼 구겨지지 않았다"는 것이다. 당당하게 소신껏 자신의 삶의 나래를 펼쳐가고 있음이리라.

아스팔트 위에 압착 된 날갯죽지
비둘기의 꿈이 납작하다

몸통은 사라지고
붉은 핏자국만 저승사자의 발자국처럼 찍혀 있다

비둘기에게 아스팔트는 더 이상 날아갈 필요 없는
안식처였을까
든든한 반석, 따뜻한 바위로 보여
날개를 접은 것일까

섬뜩한 위험을 느낄 여지도 없이 나른한 권태처럼
압사당한 주검이
짓눌린 꿈에서 깨어날 듯
부리에 씨앗을 물고 날아오를 것만 같다

아무도 모르는 절벽에 이르러 지상에 떨군 씨앗들은
다시 꽃 피울까

꽃길을 건너온 들짐승들의 발자국에서는 흙냄새 대신
꽃잎 적신 빗물이 흘러

폭포수가 된다

산새들의 날갯짓 소리가 메아리가 된다
삼나무 숲의 흔들림이 천둥번개가 된다

그리고
이름 모를 붉은 꽃이 핀다

비둘기가 날아와 앉은 바위는
세상에서 가장 아름답고 평화로운 건축물이 되었다

한 마리의 비둘기가 달리는 차에 치여
로드킬로 피를 흘리고
그 핏자국이 꽃으로 피어나기까지

비둘기 비둘기 비둘기의 말이 없는 죽음이 서럽도록 황홀한
노을이 되어
저 하늘을 꾸미고 있다
　　　　　　　— 려원, 「비둘기 비둘기 비둘기의 꿈」 전문

「비둘기 비둘기 비둘기의 꿈」은 로드킬에 대한 이야기를 담고 있다.

로드킬은 동물이 도로를 건너다 자동차에 치여 발생하는 사고이다. 인간의 편의를 위해 만든 도로 위에서 안타깝게 죽음을 맞이하는 동물의 수가 해마다 늘어가고 있다. 로드킬을 방지하기 위해 동물들이 다닐 수 있는 이동통로를 곳곳에 만들고는 있지만, 멸종위기에 놓은 많은 동물들이 오늘도 차가운 아스팔트 위에서 처참하게 죽어가고 있다.

그 많은 동물 중 이 시에서는 비둘기의 삶에 대해 형상화하고 있다. 한낱 동물에 불과한 비둘기에게도 꿈이 있을 수 있을까. 비둘기에게도 꿈이 있었을 것이다. 하지만 지금 여기, 시 속 비둘기는 꿈을 이루지 못한 채 날갯죽지가 "아스팔트 위에 압착"되어 있다. 꿈을 향해 날아가야 하는 이 시점에서 못다 이룬 꿈은 어찌해야 하는가. 바닥에 납작 눌린 꿈을 누가 대신할 수 있을까. 꿈은 이루고 싶은 희망을 의미한다. 이루고자 하는 꿈에 백 퍼센트 도달하기는 힘들지만 꿈이 있다면 그 꿈을 향해 나아가기 위해 최소한의 노력을 하게 된다. 꿈을 이루기 위해서는 많은 용기와 매 순간 노력이 필요하다. 현실이 고단하더라도 꿈을 위해 조금씩 실천하는 삶을 산다면 매일 같은 하루의 반복이 아닌 조금 더 긴장되고 즐거운 날들이 될 것이다.

그런데 시 속 비둘기에게는 이 모든 것이 부질없게 되었다. "몸통은 사라지고/ 붉은 핏자국만 저승사자의 발자국처럼" 차가운 바닥 위에 찍혀 있다. "비둘기에게 아스팔트는 더 이상 날아갈 필요 없는 안식처였을까", 아스팔트가 "든든한 반석, 따뜻한 바위로 보여/ 날개를 접은 것일까". 시인은 끊임없이 질문을 던져보지만, 질문에 대한 답을 들려

주어야 할 비둘기는 지상에 없다.

압사당한 비둘기의 주검이 "짓눌린 꿈에서 깨어"나 "부리에 씨앗을 물고 날아오를 것만 같다". 비둘기에게 이 모든 것이 이루지 못한 꿈이 아니라, 깨고 나면 사라지는 꿈이었으면 얼마나 좋을까. 이에 시인은 비둘기가 "아무도 모르는 절벽에 이르러 지상에 떨군 씨앗들"이 "다시 꽃 피울" 수 있도록 돕고자 한다. 즉, 바닥에 눌린 비둘기의 꿈을 "이름 모를 붉은 꽃"으로 대신 실현시키고자 하는 것이다. "비둘기가 날아와 앉은 바위는/ 세상에서 가장 아름답고 평화로운 건축물이" 되고, "로드킬로 피를 흘리고/ 그 핏자국이 꽃으로 피어나기까지" "비둘기의 말이 없는 죽음이 서럽도록 황홀"하다. 더 이상 날아가지 않아도 되는 비둘기의 서럽도록 황홀한 꿈을 시인은 하늘을 붉게 물들이는 '노을'로 포착하여 형상화하였다.

인간의 편의를 위해 동물들의 생태적 특성을 무시한 채 무분별한 건설을 자행하였던 것이 다시 인간에게 되돌아오고 있다. 멸종위기의 동물들이 로드킬로 사라지면 생태계가 파괴되고, 먹이사슬의 구조가 위태로워진다. 결국 인간이 만들어놓은 덫에 인간이 걸리고 마는 형국을 '로드킬-비둘기의 꿈-폭포수-메아리-천둥번개-붉은 꽃-노을'의 이미지를 통해 자연스럽게 보여주고 있다.

지금까지 고찬규 시인의 「한 소식-꽃말」, 마선숙 시인의 「몸뻬는 가고」, 려원 시인의 「비둘기 비둘기 비둘기의 꿈」을 살펴보았다. 이 세 편의 시는 우리의 일상 속에서 삶의 의미를 발견하고 있는 시편들이다. 고찬규 시인의 「한 소식-꽃말」에서는 세상에 당연한 것은 없으며 각자의 방식으로 매 순간 열심히 살아가고 있음을 법정 스님의 책 속 한 구절을 통해 일깨워주고 있다. 마선숙 시인의 「몸뻬는 가고」는 지금은 돌아가시고 계시지 않은 엄마의 삶을 몸뻬에 비유하여 보여주었고, 려원 시인의 「비둘기 비둘기 비둘기의 꿈」에서는 로드킬에 대해 이야기하였다. 이들 시편들이 보여주고 있는 이미지들은 우리가 일상에서 접할 수 있는 것들이다. 다만 일상이라 치부하여 그냥 지나쳐 버렸던 것들이 세 시인의 깊은 천착과 섬세한 손길을 통해 시적 언어로 형상화되어 나타나고 있는 것이다. 사물을 바라보는 첨예한 세 시인의 깊은 시선과 그 일상에서 길어 올린 서정적 사유가 한 편의 시가 되는 순간들이다.

사라져 가는 순간들

시인은 각각 서로 다른 감각을 통해 세계에 대해 그리고 삶에 대해 이야기한다. 같은 풍경을 보았다고 하더라도 체화된 감각이 서로 다르기 때문에, 눈앞의 세계에 대해서도 각각 다른 언어의 진폭을 통해 상황을 그려내게 된다. 시인은 이 언어의 진폭을 통해 보편적 공감대를 형성하고 언어 너머의 세계에 가 닿고자 한다. 매일 끊임없이 발생하는 사건, 사고들에 함몰되어 가끔 중요한 것들을 잊어버리고 사는 경우들이 발생한다. 언어 너머의 세계는 해독 불가능하고 복잡한 시대 안에서 서로 절충을 통하여 삶에 대해 함께 위무하고, 함께 기뻐하는 이러한 감정들을 소환하여 텍스트로 풀어낸다. 자신이 경험한 바를 풀어낸 언어 너머의 보편적인 세계에서 시와 독자는 사라져 가는 순간들을 조우할 수 있다.

어느 때인지 모르게 하나둘씩 보이지 않던 옛것들은
어디서 잘 견디고 있을까
기억 속에 비린 것들이 다 빠지고 나면 돌아오리라 하고

다시는 그렇지 않겠지만 침탈에 할퀸 부위로 불어오는

불면의 바람을 다독이며

마르다, 젖다 두 무릎 세워 앉았습니다

잃은 것들도 아직인데 또 잃는다면 터전마저 잃어야 하는 일
이라

파도가 가꾼 몸집에 틈 지는 자리로 숨을 몰아

뿌리내린 꽃과 풀, 나무들은 한 몸이 되었습니다

난류와 한류를 따라 남북을 넘나드는 것들이

몸 바꾸기라도 하려는 듯 비틀어 보는 몸짓은

치열한 긴 여정에 통점을 파고드는 갈증이지만

동해의 시원은 여기라며

깃 푸른 아침을 준비하는 새들은 바지런히 조잘거리다가도

하늘길 막는 폭풍우에는 쉬는 숨조차 숨겨야 합니다

언젠가 파도에 쓸려 흔들리더라도 금강산까지는 가닿아야 하
리라

삐져나와 통점의 응어리가 된 바위들로 쉽지는 않겠지만

오래 돌아가지 못한 애간장이야

큰 뭍으로 가는 해돋이의 길잡이에

해넘이엔 뭇 것들의 상한 얼룩을 씻겨야 했기에

누구를 부둥켜안고 가야 할까요

강치 끌려간 길로

물속 뭍을 오가던 시름이 밀치는 파도가

어미 뒤에서 지느러미 맘껏 흔들며 눈알 부라리는 것들의 물
길을

가만히 헤아립니다

— 이진환, 「독도」 부분

이 시는 독도에 대한 이야기를 담고 있다. 독도는 우리나라 최동단
에 있는 섬으로 우리나라의 영토이다. 국제법상으로도 독도는 대한민
국의 영토이지만 일본과의 영토 분쟁이 여전히 지속되고 있다. 구글 맵
에 독도를 검색하면, 독도 공항 주소지로 나가사키현 쓰시마시 '쓰시마
공항'으로 안내하는 링크가 나와 며칠 전 또 한 번 논란이 된 바 있다.
심지어 일본 교과서에는 한국이 독도를 불법 점거하고 있다는 억지의
내용이 담겨 있다고 한다. 이에 대해 시인은 독도에 대한 단상을 시로
풀어내었다. 한일관계에서 풀어야 할 난제가 여러 가지 있지만, 독도 역
시 빠질 수 없는 중대 사안 중 하나이다.

"어느 때인지 모르게 하나둘씩 보이지 않던 옛것들은/ 어디서 잘 견디고" 있는지 화자인 시인은 옛것들을 하나씩 낮게 읊조려본다. "잃은 것들도 아직" 찾지 못하였는데 "또 잃는다면 터전마저 잃어야 하는" 참담한 상황이다. 이에 시인은 "침탈에 할퀸 부위로 불어오는/ 불면의 바람을" 조용히 다독인다. 이러한 상황에서도 "틈 지는 자리" 골라 "뿌리 내린 꽃과 풀, 나무들은 한 몸이" 되어 자리를 지키고 있다. 꽃과 풀, 나무는 어떠한 상황에서도 흔들리지 않고 굳건하게 뿌리를 내려 제 역할을 다 하고 있는 것이다. 이제 남은 것은 영토 분쟁에 대해 우리가 풀어야 할 숙제이다.

과거 이 독도에는 바다사자도 있었다. 1900년대 초까지만 해도 독도에는 바다사자로 불리는 '강치'가 살았다. 바다사자와 우리나라 어부들이 평화롭게 살던 섬이었으나, 일제강점기 때 일본 어부들이 독도에 들어와 마구잡이로 바다사자를 잡아가 멸종되었다. 새끼뿐만 아니라 새끼 바다사자를 미끼로 어미 바다사자까지 유인하여 포획하였다. 바다사자의 가죽과 기름이 돈이 되었기 때문에 가리지 않고 잡아간 것이다. 그때 잡아간 마지막 바다사자는 현재 일본 돗토리현 산베자연박물관에 박제로 전시되어 있다고 한다. 이에 시인은 이 길은 도대체 "누구를 부둥켜안고 가야" 하는 길인가 묻는다. "어미 뒤에서 지느러미 맘껏 흔들며 눈알 부라리는 것들의 물길을" 파도와 함께 가만히 헤아려 본다.

잠시 비껴서서 숨을 고른다

빠르게 달려오던 불빛이 스쳐 지나가는 동안
부딪치지 않으려 애썼던 날들이 차창에 음화된다

속도를 줄이지 않으면 충돌할 수밖에 없는
'교행구간' 붉은 글자

그가 지난 자리가 내가 지나갈 길이 되는,
속도를 줄이지 않으면 파탄 날 수밖에 없는,
급하다고 고집을 부리다가는 함께 다치는 좁디좁은 길
이 구간을 잘 지나면 다시 넓어지는 길
우주의 드넓은 공간에서 인연으로 이어진
지구의 좁디좁은 구차한 골목길

누군가의 길 터줌을 위해
누군가는 잠시 멈추고
상대방이 지나가길 기다려야 한다
어둔 길을 더듬거리며 헤쳐 온
너와 나의 교행은 순조로웠던가

덜컹대며 돌진해 오는
성난 무쏘의 눈동자가 내뿜는 불빛이

밤의 협로를 눈부시게 어지럽힌다.

— 서승현, 「교행 구간」 전문

교행 구간은 단선 구간에서 마주 보고 운행하는 두 차를 서로 비켜 가게 하는 신호이다. 구간은 하나밖에 없는데 두 차가 서로 마주 보고 그대로 달린다면 사고를 피할 수 없게 된다. 화자인 시인의 눈에 어느 날 '교행구간'이라는 신호 표지판이 포착되었고, 시인은 이를 우리 삶의 인연과 결부시켜 되돌아보고 있다.

그가 지나간 자리가 앞으로 내가 지나가야 할 길이 될 수도 있다. 그것이 좁은 길이든 넓은 길이든 말이다. 분명한 것은 서로 "속도를 줄이지 않으면 파탄 날 수밖에 없"고, "급하다고 고집을 부리다가는 함께 다치"게 된다는 것이다. 우주라는 아주 넓은 공간에서 겨우 지구라는 아주 작은 이곳에서 구차하게 '인연'으로 이어진 우리의 교행은 과연 얼마나 "순조로웠던가". 이 좁은 길을 잘 지나가면 다시 넓은 길이 나올 테지만, 이는 과정 없이 이루어지지 않는다. 누군가는 길을 터주어야 하고, 누군가는 멈춰서 기다려 주어야 한다.

모든 것이 빠르게 변화해 가는 현대사회에서는 인연과 인연의 결합에도 속도가 필요한 법이다. 내가 속도를 내어 달려가야 할 때인지 아니면 속도를 늦춰 보폭을 맞춰 걸어야 할 때인지 판단력이 필요하다. 이 순간에 대한 상황판단이 정확하지 못하다면 길을 잃고 헤매게 될 것이다. 좋은 인연은 자신에게도 긍정적인 에너지가 되기도 하지만, 경우에 따라서는 내 자신을 망치게 할 수도 있다. 모든 인연에는 서로에 대한 신뢰와 노력을 전제로 하기 때문에 서로 상생할 수 있는 방법을 모색해야 할 것이다. 그래야 서로에게 "밤의 협로를 눈부시게 어지럽" 히는 일이 발생하지 않게 된다.

잠자리에 누우니 그제야 허공에 발이 놓인다.
하루를 꽉 채운 늦저녁까지 많이도 쏘아 다녔다.
이 마을에서 저 마을로
저 빌라에서 그 너머로
이 사람, 저 사람을 만나며
중심을 잡아
길을 잇느라
참 바쁘게도 점들을 찍었다.
하루를 돌아오는 점들은
만선의 배처럼
가득한 것일까?
무엇을 담아 온 것들일까?
때론 알 수 없는 걸음들
저녁이면 허공에 꼭 놓아야 사는 발
발이 허공에 놓여 있는 동안
등이 발이다.

낮에 가지 않아야 했던 길을 가고

낮에 가지 못했던 길을 가고

가야만 했던 길을 가야

비로소

점들이 이어진다

점과 점들 사이

밤새 등이 걷는다

— 나순희, 「발」 전문

　우리가 생활하는 데 있어서도, 그리고 신체 구조상에도 발의 역할은 중요하다. 발은 자신의 일상을 유지할 수 있도록 해줌과 동시에 자신의 신념을 지탱해주는 역할을 한다. 발이 불편하면 생활이 불편해지고, 삶을 바로 세울 수 없을 것이다. 내가 이끄는 대로 혹은 나의 발이 나를 이끄는 대로 우리의 생활이 이루어진다. 그렇다면 하루 24시간 중 발이 쉴 수 있는 시간은 언제일까. "하루를 꽉 채운 늦저녁까지" 쉼 없이 움직이던 발은 "잠자리에 누우니 그제야 허공에" 놓인 채 휴식을 취한다. 이 순간이 발이 쉴 수 있는 유일한 순간이다.

　발은 오늘도 "이 마을에서 저 마을로/ 저 빌라에서 그 너머로/ 이 사람, 저 사람을 만나며/ 중심을 잡아/ 길을 잇느라" 바쁘게 움직여 점들을 찍었다. 이와 같이 바쁘게 "하루를 돌아오는 점들은/ 만선의 배처럼" 무엇을 가득 담아왔을까. 하루의 일용할 양식과 어제보다 더 키를 늘린 여러 가지 생각들을 담아왔을 것이다. 물론 "때론 알 수 없는 걸음들"도 있었을 것이다. 한 치 앞도 알 수 없는 것이 삶인 것처럼 때로는 어느 곳을 향하는지 미처 알지 못한 발걸음들이 점을 이었으리라.

낮에 나를 이끌었던 것이 발이라면 밤에는 등이 발의 역할을 대신한다. 등을 통해 "낮에 가지 않아야 했던 길을 가고/ 낮에 가지 못했던 길을 가고/ 가야만 했던 길을" 간다. 그래야 "비로소/ 점들이 이어"지기 때문이다. 자신의 의지와 상관없이 가야 했던 길, 꼭 가야 했으나 가지 못한 길, 다른 길에 치여 잠시 미뤄두었던 길을 밤이면 등이 대신 이어준다. "점과 점들 사이"에서 "밤새 등이 걷는다".

비 온다
기댈 곳 없는 날
처마나 파라솔 혹은 둥근 이파리의 나무 아래,
그리고 버스정류장, 천변 교각 아래,
뿔뿔이 흩어진 가족들 모두 나간, 옹삭한 대문 아래
늘 쫓기며 각박한 시간의 뒷목이나 잡아야 했던 날들
비처럼 수직으로 떨어져 가던 내 삶은
늘 물거품이 되곤 했다

비를 안 맞고 살고 싶은데

늘 마음이 빨래처럼 축축해

좀체 마른 날 없다

비만 오면

아래를 기웃한다

그 어디 기댈 곳 없는,

하지만 노상에 방치할 수 없어

오늘도 그 아래 멈춘다

비가 들이친다

나무처럼 비 맞고 서 버릴까 하다가도

난 자라서 키울 수 있는 꿈이 더 이상 없다는 것을 알았지

　　　　　　　　　　　　　　— 고선주, 「아래에 살다」 전문

　　시 속 화자인 시인은 내리는 비를 보며 어디에도 기댈 곳이 존재하
지 않는다는 것에 대해 문득 고독함을 느낀다. "처마나 파라솔 혹은 둥
근 이파리의 나무 아래／ 그리고 버스정류장, 천변 교각 아래" 그 어느
곳에도 마땅히 기댈 곳이 없다. 가끔은 아무런 조건 없이 어디든 기대
고 싶은 날들이 있다. 아내에게, 남편에게 혹은 직장동료 등 지친 마음
에 위로를 받고 싶은 순간이 있기 마련이다. 사람들과의 관계 속에서

삶이 이루어지는 현대사회는 물질적으로도 정신적으로도 복잡한 구조를 가지고 있다. 그중 사람과 사람 사이의 관계 역시 마찬가지로 복잡하다. 관계가 형성되면 서로 기대게 되고, 기댐이 과하게 되면 자칫 실망으로 변하게 된다.

시인이 기대고 싶다고 생각한 순간 가장 먼저 떠오른 것은 다름 아닌 가족들이다. 하지만 가족들은 아침이면 모두 각자의 역할을 위해 뿔뿔이 흩어졌다가 밤이 되어서야 겨우 다시 만난다. 이 가족들 틈에서 시인은 기대지 못한 채 "옹삭한 대문 아래/늘 쫓기며 각박한 시간의 뒷목이나" 잡는 날들을 살아가고 있다. "비처럼 수직으로 떨어져 가던" 시인의 삶은 의지와 상관없이 "물거품이 되"기도 하고, 비를 맞아 "마음이 빨래처럼 축축해" 마르지 않는다. 비를 맞지 않고 살고 싶었는데, 그것은 시인의 바람일 뿐이다. 수직으로 떨어지는 빗방울과 같이 늘 난관은 우리 삶에 머물러 있고, 그 난관을 헤쳐 나와야 하는 것이 또 우리의 몫이다.

때문에 비가 내려서 어려운 상황에 맞닥뜨리면 시인은 기댈 곳이 없는지 "아래를 기웃"하게 된다. 하지만 어디에도 기댈 곳은 없고, 그렇다고 "노상에 방치할 수"는 없어서 그 아래 잠시 멈춰 서서 숨을 고른다. "나무처럼 비 맞고 서 버릴까" 생각하다가도 나무처럼 더 이상 "자라서 키울 수 있는 꿈"이 없다는 것에 망설이게 된다. 비는 들이치고 더 이상 자랄 꿈이 없는 비극적인 상황이지만, 그럼에도 불구하고 시인은 오늘도 이 고독과 사투하는 것을 선택한다. 이곳은 더 이상 내려갈 곳이 없는 아래이기 때문이다. 빗방울에 투영된 시인의 삶이 구체적인 언어를 통해 제자리를 찾아가고 있다.

지금까지 이진환 시인의 「독도」, 서승현 시인의 「교행 구간」, 나순희 시인의 「발」, 고선주 시인의 「아래에 살다」를 살펴보았다. 시인은 언어라는 매개를 통해 자신이 경험한 세계들을 보여준다. 인간의 경험 속에는 행복과 기쁨, 슬픔, 분노, 고독, 위로의 순간 등 다양한 감정이 내포되어 있기 마련이다. 너무 많은 감정들은 시간이 지나면서 스스로 소멸하기도 하고, 그 의미가 상실되어 가기도 한다. 이처럼 시간이 지나면서 퇴색되어 가는 감정이라든지 경험들에 대해 언어로 남겨놓는 것 역시 시인의 책무이기도 할 것이다.

응집과 서사로 이루어진 나무의 일생

봄이 오고 있다. 아니 올해도 어김없이 봄이 찾아왔다. 봄이 되면 온 대지가 새싹을 밀어내기 위해 간질간질하다. 느티나무는 햇가지에 봄 잎을 매달고, 산수유와 매화, 벚꽃이 만발할 것이다. 한겨울 추위를 견디낸 삼월의 봄 나무는 기운차게 싹을 틔우고 꽃을 피우기 위한 때를 꿋꿋하게 기다린다. 이러한 나무의 생애는 인간의 삶과 유사한 부분이 많다. 땅속에 심은 작은 씨앗이 뿌리를 내려 흙 속의 영양분을 흡수한다. 흡수한 물과 영양분으로 가지가 뻗어 나가고 잎사귀를 매달고 꽃을 피우고 열매를 맺는다. 나무는 성장한 후에도 생명을 유지하며 바람이나 동물에 의해 씨앗을 보내 새로운 나무로 자랄 수 있도록 하여 세대를 이어나간다. 나무는 지속적으로 성장하면서 각각 놓여진 상황에 맞게 적응하기 위해 노력한다.

인간의 삶도 나무의 생애와 유사하다. 인간의 삶도 끊임없는 성장과 변화 그리고 어려움을 극복하며 살아간다. 인간의 삶은 따듯한 햇살이 비치는 평탄함만 있는 것은 아니다. 행복과 기쁨도 있지만 아무 때나 예고 없이 찾아오는 찬바람과 같은 고통과 슬픔도 있다. 나무가 추운 겨울을 잘 이겨내고 새싹을 틔우는 것처럼, 인간도 찾아온 고통과 슬픔을 견디며 다시 마주할 행복을 기다린다.

여기에서는 이러한 '나무'의 모습을 인간의 삶과 결부하여 보여주고 있는 시가 유독 많았다. 이와같이 나무의 일생은 인간의 삶의 모습과 유사한 점이 많은 까닭일 것이다. 이에 여기에서는 '나무'를 형상화하거나, 인간의 삶을 나무에 빗대어 보여주는 시편들을 살펴보고자 한다.

옷을 벗었어

처음엔 천천히 시작했지

벗지 않으려 앙탈 부렸지만 내 의지와는 상관없었어

내 순수의 빛을 빼앗고 붉게 물들이기 시작했어

볕은 짧아지고 나른해지는 거야

바람이 달려들어 옷을 빼앗아 갔어

마지막 한 잎까지,

새들은 숨 고르기 하는 중이라고 했어

내 단단한 힘줄은 허공을 움켜쥐었고 잎은 발등을 덮었어

새의 노래가 더 차갑게 들렸지

폭설이 내렸어 하얀 이불이 나를 감쌌지

휘청거렸지만 동화 속 나라처럼 황홀했어

겨울을 깁던 소나무 팔이 부러졌어

사방에서 비명 소리가 들렸지

까치발로 넘겨다본 풍경은 아찔했어

내 안도의 숨이 들킬까 봐

가만가만 푸른 잎을 가두었어

다시 옷을 꺼내 입는 날까지,

— 한인숙, 「나무의 생각」 전문

이 시의 대상은 '나무의 생각'이다. 차가운 가을과 겨울을 나면서 나무는 어떤 생각을 하였을까. 이 시의 화자인 시인은 객관적 상관물인 나무를 통해 자신이 드러내고자 하는 바를 간접적으로 보여주고 있다. 즉 시인은 나무가 긴 겨울을 나면서 어떤 생각을 하였을까에 대한 상념을 시 속에 형상화하여 보여준다.

"옷을 벗었"다는 것은 나뭇잎이 모두 떨어지고 없다는 것을 의미한다. "처음엔 천천히 시작"되었지만, 날이 차가워지면 나뭇잎은 급속도로 떨어지게 된다. 나뭇잎을 가지에서 놓치지 않으려 앙탈도 부려보지만, 자신의 "의지와는 상관 없"이 진행된다. 연두와 초록의 "순수의 빛을 빼앗고 붉게 물들" 때가 된다는 것은 햇볕이 "짧아지고 나른해지는" 가을이 무르익어 간다는 것을 뜻한다. 결국 차가운 가을 "바람이 달려들어" "마지막 한 잎까지" "옷을 빼앗아 갔"다. '힘줄'로 표현된 나무의 단단한 가지는 "허공을 움켜쥐었고 잎은 발등을 덮"는다.

이내 겨울이 되고 폭설이 내려 "하얀 이불이" 나무를 감싼다. 긴긴 겨울 내린 눈으로 "소나무 팔이 부러"져 "사방에서 비명 소리가" 들린다. "까치발로 넘겨다본" 아찔한 풍경 속에서 "안도의 숨을" 쉬는 나무는 자신의 속마음이 들킬까 봐 "가만가만 푸른 잎을" 가두기로 한다.

"다시 옷을 꺼내 입는" 따뜻한 봄이 올 때까지 말이다.

추운 겨울을 나기 위해 나무는 무성하게 지켜왔던 나뭇잎을 버린다. 욕심 가득 손에 쥐고 놓지 않는 것이 아니라, 때가 되면 놓을 줄 아는 현명함과 지혜가 나무에게는 있다. 놓을 줄 알아야 다시 만날 수 있다는 것을 나무는 아는 것이다. 낙엽이 되어 나뭇잎이 떨어져 나간 자리에는 따뜻한 봄이 오면 새로운 싹이 나와 "다시 옷을 꺼내"입는 날이 올 것이다. 자연스러운 상실이 성찰을 불러오고, 이 성찰은 다시 성숙한 자아의 모습으로 발현된다.

소년의 눈빛이 날아가 닿는 중심엔 돌담집이 있다. 소년이 앞동산에 올라 내 어깨에 걸터앉는 이유를 나는 안다. 감꽃을 줍고 봉숭아 꽃잎을 따는 손길을 종종걸음을 바라보는 이유를 안다. 소녀가 집을 나가자 소년도 집을 떠났다. 소녀는 돌아오지 않았고 집은 무너졌다. 내 어깨에 기댔다 가는 달과 별의 무게가 무거워지던 날, 낙엽의 걸음으로 돌아온 소년이 내 발부리에 앉는 날이 있다. 소년의 눈빛이 날아가 닿는 중심엔 무너져 내리는 돌담이 있고, 눈송이처럼 가벼워진 소년이 내 늘어진 어깨를 만지는 날이 있다.

— 최석균, 「소나무」전문

소년과 소녀의 3인칭 이야기로 쓰인 이 시는 황순원의 「소나기」를 연상하게 한다. 이 시에서 '나'는 '소나무'이다. 즉, 소나무의 시선으로 소녀와 소년의 이야기가 펼쳐지고 있다. "소년의 눈빛이 날아가 닿는" 돌담집이 있고, 그 돌담집에는 소녀가 살고 있었다. 소나무는 자신의 "어깨에 걸터앉"아 소년이 "감꽃을 줍고 봉숭아 꽃잎을 따는" 소녀를 바라보는 이유를 알고 있다.

그런데 소녀를 향한 소년의 애틋한 마음이 전달되지 못하였던 탓일까. 소녀가 돌담집을 떠났고, 소년도 역시 집을 떠났다. 소녀가 돌아오지 않은 채 집은 무너지고 말았다. 소나무의 어깨에는 더 이상 소년이 걸터앉지 않고 "달과 별"이 기댔다 가고는 했다. 어느 날 "낙엽의 걸음으로 돌아온 소년이" 소나무의 어깨가 아니라 "발부리에 앉"아 "무너져 내리는 돌담"을 바라본다. 하지만 어느새 소년은 "눈송이처럼 가벼워"져 있고, 소년을 앉히던 소나무의 어깨도 늘어져 있다. 소년의 나이도 소나무의 나이도 많아진 것이다.

사람의 나이가 들어가는 것처럼 나무의 나이도 들어간다. 죽지 않고 영원한 것은 없다. 나무는 인간이 돌아가는 귀향지이기도 하다. 인간은 죽으면 나무관에 들어가 자연으로 돌아가거나 수목장을 하기도 한다. 자연으로 다시 되돌아가는 것은 나무의 생애도 마찬가지이다. 나무도 나이가 들어가면 약해지기 마련이다. 자연적으로든 병충해나 자연재해로 인해 죽게 되면, 나무는 자연적으로 부식되어 거름이 되고 이는 또 다른 생명들에게 양분을 제공한다.

나무에

잎이 하나도 남아 있지 않다는 건

고해의 계절이 돌아왔다는 것

죄 없는 햇빛과

죄 모르는 바람이

나무를 살살이 훑고 지나가는데

일 년에 두 번

고해소를 찾는 나는

수시로 색을 바꾸는 마음에

분칠한 속을 털어놓고는

다소곳한 얼굴이 되어 나오는데

나무는

봄 여름 가을 내내 떳떳했노라고

시린 겨울 하늘에

가는 모세혈관까지

당당하게 펼쳐 보이고 있다

　　　　　　　　　— 양지미, 「나무의 모세혈관」 전문

이 시의 나무의 이미지와 자신을 중첩시켜 보여주고 있다. 이 시의 계절적 배경은 나무에 잎이 남아 있지 않은 겨울이다. 겨울은 나무에게 "고해의 계절"이다. 여기에서 '고해'는 주체가 누구냐에 따라 두 가지 의미를 함의하고 있다. 나무에게는 괴로움이 끝이 없는 '고해(苦海)'의 계절이고, 시인에게는 '고해(告解)'의 계절이다. 고해(告解)는 세례를 받은 신자가 자신의 죄를 뉘우치고 신부를 통해 하느님에게 고백하고 용서를 받는 것이다.

2연에는 고해(苦海)의 계절을 견디고 있는 나무에 대한 이야기이다. "죄 없는 햇빛과/ 죄 모르는 바람이" "잎이 하나도 남아 있지" 않은 "나무를 살살이 훑고 지나"간다. 이는 잎사귀 다 떨구고 마른 가지로 남아 있는 나무에게는 고해(苦海)의 시간 즉, 괴로움의 시간이다. 하지만 이 시간을 견디고 나면, "죄 없는 햇빛과/ 죄 모르는 바람"을 자양분 삼아 나무는 봄에 환한 잎사귀를 다시 매달 것이다.

3연은 고해 성사를 하기 위해 고해소를 찾는 시인의 이야기이다. "일년에 두 번/ 고해소를 찾는" 시인은 신부에게 "수시로 색을 바꾸는 마음에/ 분칠한 속을 털어놓고는/ 다소곳한 얼굴이 되어 나"온다. 자신에게 주어진 고해(告解)의 시간을 통해 시인은 죄를 용서받고 반성을 한다. 사람은 신이 아니기에 실수 없이 완전한 인간으로 살아갈 수 없다. 고해 성사를 통해 죄를 뉘우치고 다시 같은 죄를 짓지 않겠다고 자신을 성찰한다.

시인은 고해 성사를 통해 자신을 반성하는데, 나무는 "봄 여름 가을 내내 떳떳했노라고/ 시린 겨울 하늘에/ 가는 모세혈관까지/ 당당하게 펼쳐 보"이는 모습이 대조적이다. 봄에 싹을 틔우고, 여름에는 무성한 잎사귀로 사람들에게 그늘을 만들어 주었으며, 가을에는 열매를 가져 다준 나무는 떳떳하다. 이에 나무는 추운 겨울이지만 "가는 모세혈관" 즉 가는 나뭇가지를 하늘에 당당하게 펼쳐 보이는 것이다.

>   나무가 가볍게 보이는 지금
>
>   잎은 하루하루 초록에서 멀어져
>
>   나무에 거리를 두는 게 눈에 보인다
>
>   저러다 마침내 저 혼자 겨울에 맞서는 나무
>
>   초록에서 멀어지는 나무를 보며
>
>   나는 어디에서 멀어지고 있나
>
>   무엇이 나에서 멀어지고 있나
>
>   창문 틈 그 사이로 찬바람 느껴지는
>
>   늦가을의 기운
>
>   그리고 늦가을에 든
>
>   사람의 기운
>
>   ― 천선기, 「내다보는 마음」 전문

이 시 역시 인간의 삶의 모습을 나무에 빗대어 보여주고 있다. 어느 늦가을 "하루하루 초록에서 멀어져"가는 나무의 잎을 보며 "나는 어

디에서 멀어지고 있나/ 무엇이 나에서 멀어지고 있나"라며 사람의 마음을 내다보고 있다. 삶을 살아가다 보면 멀어지고 있는 것들이 의외로 많다. 일을 하다 보면 초심에서 멀어지기도 하고, 부모와 자식 사이가 멀어지기도 한다. 어릴 적 바랐던 꿈도, 이상도 점점 멀어져 간다. 특히 코로나19 이후 현대사회는 단절이 많아지고 있다. 일상은 다시 회복되었지만, 관계와 관계 사이에 함께 하고자 하는 공동체 보다 개인 위주로 생각하는 경향이 짙어지고 있다. 개인주의 성향은 관계 사이에 단절을 경험하게 할 수밖에 없게 한다.

그렇다면 시인에게서 멀어지고 있는 것들은 무엇이 있을까. 봄의 기운이 아니라 "늦가을에 든/ 사람의 기운"이 시인을 더욱 쓸쓸하게 하였을 것이다. 문학작품에서 가을의 주된 정서는 노랗고 붉은색의 조화롭고 아름다운 빛깔의 단풍 이미지를 보여준다. 하지만 이 시에서는 가을이 가지고 있는 이러한 아름다움의 기본적인 정서가 "하루하루 초록에서 멀어져"가는 잎과 대비되어 고독과 쓸쓸함을 더욱 고조시키고 있다. 가을은 수확의 계절이기도 하지만, 사람에게 가을이라 함은 조락의 계절이기도 하다. 초목이 시들고 떨어지는 잎에 영원할 것 같지만 영원하지 않은 인간의 삶의 모습을 투영하게 된다. 또한 인생의 노년기를 가을에 빗대어 생각하기도 한다.

인간은 자연에서 와 죽으면 다시 자연으로 돌아간다. 인간도 나무도 자연의 일부이며, 오래전부터 나무는 인간의 삶과 함께였다. 단군신화에서 환웅이 하늘에서 지상으로 내려온 장소는 신성한 나무가 있는 신단수였고, 아담과 하와는 에덴동산에서 생명 나무와 선악 나무를 통해 생명과 죽음을 경험하게 된다. 또한 마을 초입에는 커다란 당산나무를 심어 마을 지킴이 역할을 하였다. 마을 사람들은 당산나무에게 마을의 번영과 안녕을 빌며 나날의 삶이 무사하기를 염원하였다. 이에 여기에서는 이처럼 인간의 삶과 늘 함께하였던 나무의 생애에 대해 살펴보았다. 한인숙 시인의 「나무의 생각」, 최석균 시인의 「소나무」, 양지미 시인의 「나무의 모세혈관」, 천선기 시인의 「내다보는 마음」에는 우리가 살아가는 삶의 단면이 담겨 있으면서 동시에 나무의 생애도 담겨 있다. 나무를 단순히 대상으로서만 바라보는 것이 아니라 응축된 서사를 통해 나무에 생명을 불어넣고, 또 그 안에서 인간의 삶이 어우러질 수 있도록 하고 있다. 잘 자란 나무는 잎이 무성하여 그늘도 짙다. '시'라는 짙은 그늘에서 많은 사람들이 평온한 안식을 취해 보길 바란다.

시적 인식의 깊이와 사유

　시란 무엇인가에 대한 정의는 많지만 명확하게 규정하기란 쉽지 않다. 당대의 부조리에 맞서 대응하는 것이 시의 본질이라 말하는 사람도 있고, 특정한 사물과 공간에 대해 새로운 의미를 부여하는 것일 수도 있고, 일상의 삶을 살아가는 모습을 보여주는 것이 시라고 말하는 사람도 있다. 어느 것이 맞고 틀렸다고 할 수는 없을 것이다. 중요한 것은 시인 개개인의 내밀한 사유를 통해 시의 본질로서의 언어를 보여주는 것이다. 언어에 담겨 있는 현상을 통해 삶의 모습들을 읽어내고, 위안을 받기도 하고 부당한 사항에 분노하기도 하며 희망을 발견하기도 한다. 하지만 사회 구조가 점점 더 복잡해질수록 의미를 읽어내려는 마음의 여유는 사라지고 기호에 더 치중하게 된다. 기호도 중요하지만, 삶의 본질인 의미에 더 중점을 두어야 할 것이다. 자아와 세계, 인간과 인간, 더 나아가서는 인간과 자연 사이에 담긴 조화와 균형을 담아내는 것이 시인의 역할이다. 이에 여기에서는 깊은 시적 인식의 사유를 통해 일상을 살아가는 삶의 의미를 진솔하게 보여주고 있는 시편들을 읽어보고자 한다.

　어둠 속에 섬처럼 흔들리는 것들이 있다

제 할 일 다 하고도 사라지거나 다가오지 못하는,

조각조각 부서지는 영상을 본다
디지로그 속 낭만적 거짓 세상에서 '빛'이 조각들과 어깨동무
를 하고 나란히 걸어간다
갓난아기를 업듯 가진 무게를 다 받아줄 수는 없지만
걸치고 나면 한결 발걸음이 가벼워지는 '빛'

사이가 돈독해진 이웃들이 이웃을 부른다
그리고, 또, 그밖에,
태양에서 뛰어내린 햇살이 나뭇가지와 나뭇가지에 걸쳐 그네
를 타듯
한 덩어리로 출렁이고 흩어지는 끈끈한 적수들

오늘도 독립을 꿈꾸는 '빛'이 모씨와 모씨에게 지친 어깨를 내
주고 있다
그러고도, 그러지 않고도 싶은 저녁
어느 하나를 선택하거나 버리지 않아도 되는

대체 공휴일 같은 평화주의자가
결단을 유보한 채 건들거리며 걸어간다

"제 할 일 다 하고도 사라지거나 다가오지 못하"고 "어둠 속에 섬처럼 흔들리는 것들이 있다". '및'이 그러하다. '및'은 앞뒤 내용을 나란히 연결할 때 즉, 문장에서 같은 종류의 성분을 연결할 때 사용하는 말이다. 시인은 '및'이라는 단어를 통해 삶에 대해 실존적 의미를 부여하고 있다. 실제인 듯 아닌 듯 디지로그 속 세상에서 "'및'이 조각들과 어깨동무를 하고 나란히 걸어간다". 세상의 모든 무게를 다 받아줄 수는 없지만 '및'을 "걸치고 나면 한결 발걸음이 가벼워"진다. 이것과 저것 중 어느 것 하나를 선택하지 않아도 되기 때문이다. 무언가를 선택해야 하는 순간은 늘 망설임을 동반한다. 하나를 선택하자니 다른 하나가 걸리고, 다른 하나를 선택하자니 또 다른 하나가 못내 서운해할 것 같아 망설이게 된다. 신중하게 올바른 선택을 한다고 하지만, 선택하지 않았던 일에 미련이 남기 마련이다.

하지만 '및'을 사용하면 "어느 하나를 선택하거나 버리지 않아도" 된다. 오히려 사이가 더욱 돈독해져 "그리고, 또, 그밖에"라는 이웃을 불러내 "한 덩어리로 출렁이고 흩어지는 끈끈한" 모습을 보여준다. '및'은 "오늘도 독립을 꿈꾸"지만 지친 이들에게 가만히 제 어깨를 내어주는 것으로 제 역할을 다한다.

삶은 선택의 연속이다. 살면서 마주하게 되는 온갖 고난과 도전. 어떻게든 부딪혀 해결해나가겠지만, 해결하는 과정에서 선택의 문제를 두고 종종 길을 잃기도 한다. 언제 어디에서 예측할 수 없는 돌발 상황이 발생할지 모르기 때문이다. 그렇다고 누군가 선택에 대한 답안을 제시하는 것도 아니다. 선택은 나의 몫이며 오로지 스스로 감당해야 할 사안이다. 어쩌면 이러한 선택 자체가 최선이자 용기일 수도 있다. 시인은 시 속에서 이러한 선택의 결단을 잠시 유보한다. "그러고도, 그러지 않고도 싶은 저녁" "어느 하나를 선택하거나 버리지 않아도 되는" 순간도 있기 때문이다. 어느 것 하나를 선택하는 대신 평화주의자가 되어 두 가지 모두를 통섭하고자 한다.

한자리 오래 서 있어서
나무는 꽃이 핀다
다친 자리 딴딴해진 옹이는
나무의 골병
골병이 들 대로 들어서
나무는 꽃이 핀다
사람이 꽃 피지 않는 건
한자리 오래 서 있지 않았기 때문
골병이 들 대로 들지 않았기 때문
아무리 오래 서 있어도
나무만큼은 오래 서 있지 못하면서
꽃을 어찌 피우랴

아무리 골병들어도

나무만큼은 딴딴해지지 않으면서

꽃보다 어찌 진하랴

한다고 해도

꽃 피지 않는 이에게

그게 당연한 거라며

원래 그러는 거라며

이리 달래고 저리 달래는

백 마디 말 같은

나무의 꽃

— 동길산, 「백 마디 말」 전문

위의 시는 꽃이 피고 지는 자연의 이치를 통해 삶의 모습을 들여다
보고 있다. "한자리 오래 서 있"는 나무는 인내하는 오랜 시간을 거쳐
꽃을 피운다. 꽃을 피운다는 것은 결실을 맺는다는 것을 함의한다. 경
우에 따라 인간은 한 자리에 오래 머무르지 못하기도 한다. 원하는 성
과가 이루어지지 않아서, 성격이 급해서 혹은 변화가 필요해서 등 여러
사정에 의해 자리를 옮겨 다니게 된다. 즉, 한 자리에 오래 머물기는 쉽
지 않은 일이다. 그런데 나무는 한 번 자리를 잡으면 누가 옮겨주기 전
에는 비가 내려도 눈이 와도 어떤 일이 발생하여도 그 자리에 꿋꿋하
게 서 있다. 한곳에 오래 머물며 좋은 일들도 겪고, 힘든 일들도 겪어

낸다. 때문에 다친 자리가 더욱 딴딴해지는 것이다. 이 "다친 자리 딴딴해진 옹이는/ 나무의 골병"이다.

나무의 가지가 성장하다가 부러져 죽으면 살아있는 다른 부분들이 세포를 증식시켜 계속 자라나게 한다. 그런데 이때 반듯하게 자라는 것이 아니라 혹처럼 자란다든지 이상한 모양을 가지고 있는 경우가 많은데, 이를 나무의 옹이라고 한다. 나무의 옹이는 나무의 가지가 살아서 붙어 있던 그 자리에 생기게 된다. 살아있던 가지가 죽게 되고, 그 자리에 새살이 돋아 더 단단해진 옹이가 생기게 되는 것이다. 이와 같이 고비를 넘기고 오랜 인내의 시간이 지난 후 "골병이 들 대로 들어서" 마침내 나무는 꽃을 피우게 된다.

그런데 "사람이 꽃 피지 않는 건/ 한자리 오래 서 있지 않았기 때문"이다. "골병이 들 대로 들지 않았기 때문"에 "아무리 오래 서 있어도" 꽃을 피우지 못하는 것이다. 상처 없는 나무가 없는 것처럼, 나무라면 저마다 하나쯤은 옹이를 가지고 있는 것처럼, 사람도 상처와 아픔을 가지고 있다. 상처와 아픔을 잘 어루만져 꽃을 피워내는 사람도 있으나, 꽃을 피워내지 못한 사람도 있다. 시인은 이런 사람들에게 "백 마디 말 같은/ 나무의 꽃"을 통해 "이리 달래고 저리 달래"며 위로를 건넨다.

돌아서면 숨어버리는 등이 궁금하다

언젠가 뒤로 넘어졌을 때 안전하게 받아주던 등판

등지겠다고 나서는 당신을

맞받아치는 일도 있었다

등쳐 먹고 달아난 놈의 흔적이 가슴에 머무를 때

바닥에 몸 누이고 짓무른 상처 받쳐주던 곳

나는 수시로 그 힘을 빌려 쓴다

등을 바람막이 삼아 달려온 생

등에게로 가는 길은 멀어서 불안한가

가까운 사람과 등을 지면 그는 내게서 아득해진다

등을 돌려 서로 마주 보아야

따뜻한 말씀 한 자락 건너온다

내 몸 뒤편에 푸른 힘

아버지가 등짐으로 나를 키웠듯

무너지지 말라고 뒤에서

받쳐주는 힘이 있어

마주 보는 사람과 반갑게 악수를 나눈다

— 허정열, 「등의 힘」 전문

신체 부위 중 몸의 뒷부분을 등이라고 부른다. 등은 앞모습처럼 꾸밀 수 없으나 몸을 지탱하여 인간의 신체가 바로 서기 위해 꼭 필요한 부위이다. 등이 없다면 당연히 앞모습도 존재하지 않는다. 시인은 앞모습에 가려져 사람들의 시선이 잘 닿지 않는 등에 대해 보여준다. 정면에서 바로 바라다볼 수는 없지만, 등이 가지고 있는 힘으로 인하여 인간은 앞으로 나아갈 수 있게 된다.

때때로 앞을 향해 나아가고 있다고 생각하였던 삶이 뒤로 넘어지기도 한다. 넘어졌다고 하여 포기하거나 좌절하는 것이 아니라 다시 일어나 한 걸음 한 걸음 걷는다. "언젠가 뒤로 넘어졌을 때" 안전하게 받아주었던 든든한 등판이 있기 때문이다. 또 어떤 날은 "등지겠다고 나서는 당신을" 과감히 "맞받아치는 일도 있었다".

삶이 각박해질수록 내 것이 아닌 것들을 탐내는 사람들이 늘어간다. 성실하고 정직하게 노력하며 사는 사람들도 있지만, 남이 이루어낸 것들을 아무렇지 않게 가지고 가는 사람들도 있다. 어렵게 이뤄낸 것들을 빼앗아간 고약한 사람들을 만나기도 하는 것이 삶이다. 이렇게 "등쳐 먹고 달아난 놈의 흔적이 가슴에 머무를 때/ 바닥에 몸 누이고 짓무른 상처 받쳐주던 곳"도 역시 등이다. 화자인 시인은 수시로 등의 힘을 빌려서 다시 일어난다.

시인은 그동안 "등을 바람막이 삼아 달려"왔다. 혹여나 "가까운 사람과 등을 지면 그는 내게서 아득해"져 멀어지고 만다. 상처받는 일들이 많아지면 상처받은 장소이든, 자신에게 상처를 준 사람이든 서로 등지고 살기도 한다. 장소로부터 사람으로부터 멀리 도망가는 것이다. 서로 믿고 배려하며 살아야 하는 것이 어쩌면 당연한 이치이겠으나, 삶은 원하지 않았던 방향으로 흘러가기도 한다. 나의 의도와 상관없이 아득해지는 순간이 생기기도 하는 것이다. 상처로부터 나오기까지 시간이 걸리겠지만, 이를 극복하고 "등을 돌려 서로 마주 보"면 따뜻한 말을 나눌 수 있는 날도 올 것이다.

시인에게도 따뜻한 말을 나누어준 마주 보았던 등이 있다. 바로 아버지의 등이다. 시인을 키운 아버지의 등은 가장의 모습을 보여준다. 가장으로서 져야 하는 짐의 무게가 아버지의 등에 얹혀 있다. 하지만 아버지는 기꺼이 어린 목숨을 위해 등짐을 졌다. 아버지처럼 "무너지지 말라고 뒤에서/ 받쳐주는 힘이 있"기에 시인은 오늘도 "마주 보는 사람과 반갑게 악수를 나"눌 수 있는 것이다.

물소리가 크다는 것은
물이 그만큼 아프다는 것
물도 아플 때가 있다는 것
얼마나 아팠으면
비명 같은 허연 물거품
저토록 낼까
제 몸 하얗게 부서뜨릴까

물소리가 크다는 것은

할 말이 많다는 것

물도 할 말이 있다는 것

얼마나 많았으면

대답도 없는 바위에다 대고

했던 말

하고 또 하는 걸까

— 천선기, 「물의 마음」 전문

물은 우리 삶에 꼭 필요한 존재이다. 인간뿐만 아니라 생명이 있는
모든 것들에게 소중하다. 보통 문학작품에서 물은 생명력을 가진 존재
로 은유화되어 인간의 모습을 보여주는 매개체 역할을 한다. 가스통
바슐라르는 고대의 4원소인 '물, 불, 공기, 흙'을 통해 인간의 상상력을
보여주었다. 그중 『물과 꿈』에서 '물'은 생명의 근원으로 끊임없이 실체
를 변화시키는 힘을 가지고 있는 존재로 의미화된다. 물은 스스로 형태
를 만들지 못하지만, 실체를 변화시켜 그 의미의 증폭을 넓혀간다.

　조용히 흐르는 시냇물이든 직선으로 떨어지는 폭포수이든 혹은 강
이나 바다이든 인간은 물 앞에서 겸허해지기 마련이다. 시 속 화자인
시인은 현재 이 물을 앞에 두고 있다. 그리고 물이 내는 소리를 귀담아
듣는다. 물이 내는 마음의 소리를 읽어내는 중인 것이다. 형태가 없다
고 해서 고통을 느끼지 못하는 것은 아니다. 수면 위로는 잔잔해져 보

일지 모르나 그 아래 무수히 많은 물길이 소용돌이치고 있을지도 모를 일이다.

"물소리가 크다는 것은/ 물이 그만큼 아프다는" 것을 뜻한다. "얼마나 아팠으면/ 비명 같은 허연 물거품"을 내며 "제 몸 하얗게 부서뜨"리고 있을까. 물이 흐르면서 나오는 거품을 시인은 '비명'에 비유하고 있다. 물은 아프다고 크게 소리 내어 보지도 못하고 제 몸 부서뜨리며 허연 거품을 내고 있다. 1연에서의 물은 '허연 물거품'을 내는 이미지로 형상화되어 있다면 2연에서의 물은 '할 말이 많은 이미지로 형상화되고 있다. "물소리가 크다는 것은/ 할 말이 많다는 것"이다. 할 말이 "얼마나 많았으면/ 대답도 없는 바위에다 대고/ 했던 말/ 하고 또 하는" 것일까. 형태가 없다고 아픔을 모르지 않고, 입이 없다고 말을 못 하는 것이 아니다. 큰 소리 내지 않고 아픔을 견디며, 속상한 마음은 일관성 있게 침묵으로 대답하는 바위에게 털어놓는다.

예로부터 물이 있는 곳에는 사람이 모였다. 시냇가를 중심으로 사람들이 모여들고, 마을이 형성되고 도시를 이루며 살았다. 자연스럽게 모이는 이러한 물은 그렇기 때문에 모든 생명의 근원이라 할 수 있다. 하지만 최근 이러한 물의 흐름을 인위적으로 바꾸어놓았다가 논란이 된 일도 있었으며 물 부족 현상이 일어난 지역도 있었다. 비록 색도 없고, 냄새도 없고, 특별한 맛도 없지만 생물체를 구성하고 있는 소중한 자원이기에 열린 마음으로 물의 아픔에 대해서도 귀 기울여야 할 것이다.

여기에서는 송병숙 시인의 「빛」, 동길산 시인의 「백 마디 말」, 허정열 시인의 「등의 힘」, 천선기 시인의 「물의 마음」을 살펴보았다. 인간의 삶은 늘 최선으로 이루어진다. 최선을 다하지 않은 시간은 없다. 인간은 매 순간 주어진 자리에서 주어진 일에 최선을 다하며 살아간다. 시인의 역할은 예리한 시선으로 이 최선의 순간을 놓치지 않고 잘 포착하는 것이다. 송병숙, 동길산, 허정열, 천선기 시인은 백지 위에 언어로 그려내는 풍경을 통해 삶의 모습을 재현해내고 있다. 이들의 작품을 통해 대상을 정밀하게 들여다볼 때 인식의 사유 또한 깊어짐을 확인하였다.

마음과 마음이 주고받는 말

2024년 11월 30일 1판 1쇄 펴냄

지은이   백애송
펴낸이   김성규
편집   김안녕 조혜주 한도연
디자인   신혜연
펴낸곳   걷는사람
주소   경기도 용인시 기흥구 동백중앙로 358-6, 7층 (본사)
          서울 마포구 월드컵로16길 51 서교자이빌 304호 (지사)
전화   031 281 2602 / 02 323 2602
팩스   02 323 2603
등록   2016년 11월 18일 제25100-2016-000083호

ISBN 979-11-93412-83-1 04080
ISBN 979-11-92333-18-2 (세트)

* 이 책은 ꧁광주광역시 ꧂광주문화재단 2024년도 전문예술인창작지원사업에
  선정되어 발간한 작품집입니다.
* 이 책 내용의 전부 또는 일부를 재사용하려면 반드시 지은이와 출판사의
  동의를 얻어야 합니다.
* 잘못된 책은 교환해 드립니다.